Ma vie dans le sud

Jacob Stroyer

Writat

Cette édition parue en 2024

ISBN : 9789359946399

Publié par
Writat
email : info@writat.com

Contenu

PRÉFACE.

QUATRIÈME ÉDITION.

Lorsque l'auteur présenta pour la première fois son livre au public, il ne s'attendait pas à la très grande faveur avec laquelle il serait reçu. La première édition fut bientôt épuisée, une deuxième et une troisième furent demandées, et celles-ci furent aussi généreusement reçues que leurs prédécesseurs. La présente édition, la quatrième, outre tout ce qui figurait dans ces publications antérieures, contient du nouveau matériel relatif aux expériences personnelles de l'auteur pendant la guerre civile.

Remerciant le peuple pour son soutien et espérant que ce dernier effort sera approuvé, l'auteur présente l'histoire de lui-même et de ses frères autrefois opprimés.

CHAPITRE I.

Mon père est né en Sierra Leone, en Afrique. De ses parents, de ses frères et sœurs, je ne sais rien. Je me souviens seulement qu'on disait que le nom de son père était Moncoso et celui de sa mère Mongomo , noms qui ne sont connus que parmi les Africains indigènes. Il a été amené d'Afrique alors qu'il n'était qu'un garçon et vendu au vieux colonel Dick Singleton, qui possédait un grand nombre de plantations en Caroline du Sud, et lorsque le vieux colonel a partagé sa propriété entre ses enfants, son père est tombé entre les mains du deuxième fils, le colonel MR. Singleton.

La mère n'a jamais été vendue, mais ses parents l'ont été ; ils appartenaient à un certain M. Crough , qui les vendit, ainsi que le reste des esclaves, avec la plantation, au colonel Dick Singleton, chez qui la mère est née. Je suis né dans cette vaste plantation, à vingt-huit milles au sud-est de Columbia, en Caroline du Sud, en 1849. J'appartenais au colonel MR Singleton et j'ai été détenu en esclavage jusqu'au moment de la proclamation d'émancipation émise par le président Lincoln.

LES ENFANTS.

Mon père a eu quinze enfants : quatre garçons et trois filles de sa première femme et huit de sa seconde. Leurs noms étaient les suivants : des garçons : Toney, Aszerine , Duke et Dezine ; des filles : Violet, Priscilla et Lydia. Ceux de sa seconde épouse étaient les suivants : Footy, Embrus , Caleb, Mitchell, Cuffey et Jacob, et des filles, Catherine et Retta .

JOURNÉES DES COLLINES DE SABLE.

Le colonel MR Singleton était comme beaucoup d'autres riches propriétaires d'esclaves du Sud, qui avaient des sièges d'été à quatre, six ou huit milles de la plantation, où ils transportaient les petits garçons et filles noirs trop petits pour travailler.

Notre résidence d'été, ou la colline de sable, comme l'appelaient les esclaves, se trouvait à six kilomètres de la plantation. Parmi les quatre cent soixante-cinq esclaves que possédait le colonel, il y avait un grand nombre d'enfants. Si mes lecteurs avaient visité la plantation du colonel Singleton le dernier mai ou le premier juin, à l'époque de l'esclavage, ils auraient vu trois ou quatre grands chariots de plantation chargés de petits nègres des deux sexes, de teints et de conditions variés, qui étaient transportés dans cette résidence d'été, et parmi eux ils auraient trouvé l'auteur de ce petit ouvrage du temps de ses dunes.

Mes lecteurs se demanderaient naturellement combien de saisons ces enfants ont été emmenés aux sièges d'été ? Je réponds, jusqu'à ce que, selon le jugement du surveillant, ils soient assez grands pour travailler ; puis ils étaient gardés à la plantation. Comment étaient-ils nourris ? Il y avait trois ou quatre femmes trop âgées pour travailler dans la plantation qui étaient envoyées comme infirmières aux sièges d'été avec les enfants ; ils faisaient la cuisine. La façon dont ces vieilles femmes cuisinaient pour 80, et parfois 150 enfants, à l'époque où j'étais dans les dunes, était la suivante : elles avaient deux ou trois grandes marmites, qui contenaient environ un boisseau chacune, dans lesquelles elles cuisaient de la farine de maïs. , agité avec de grandes palettes en bois. La nourriture était distribuée avec les pagaies dans le petit plateau en bois ou dans le seau en fer blanc de chaque enfant, qui était fourni par les parents selon leurs capacités.

Avec cette farine de maïs, que les esclaves appelaient bouillie, chaque enfant recevait une branchie de lait caillé apporté quotidiennement de la plantation dans un grand seau en bois posé sur la tête d'un garçon ou d'un homme. Nous, les enfants, aimions le lait aigre, ou le lait dur, comme l'appelaient les esclaves ; mais ce régime alimentaire rarement modifié, à savoir la bouillie, était plus détesté que les médicaments. Notre haine contre la bouillie était accrue par le fait qu'on nous donnait de la mélasse à manger avec, au lieu du chou. Ce mélange détestable nous faisait craindre les dimanches à venir, où nos mères, pères, sœurs et frères apporteraient de la plantation quelque chose que, si pauvre soit-il, nous considérions comme très agréable, comparé à ce que nous avions en semaine. Parmi les nombreuses choses désirables que nos parents nous apportaient, les plus délicieuses étaient le pois de vache , le riz et un morceau de bacon cuits ensemble ; les esclaves appelaient ce mélange « Jean sautillant ».

L'HISTOIRE DE GILBERT.

Quelques grands garçons étaient envoyés chaque année au dunes parmi les plus petits, comme guides. À l'époque à laquelle je fais référence, il y en avait un du nom de Gilbert, qui allait avec les plus petits garçons dans les bois pour ramasser des buissons et des bâtons avec lesquels les vieilles femmes cuisinaient notre nourriture.

Gilbert était un garçon cruel. Il avait l'habitude de déshabiller ses petits camarades nègres lorsqu'ils étaient dans les bois, et de les fouetter deux ou trois fois par semaine, de sorte que leurs dos étaient tous marqués, et il les menaçait de punitions plus sévères s'ils le disaient ; cet état de choses durait depuis un certain temps. Comme j'étais le favori de Gilbert, j'avais toujours réussi à échapper au fouet, avec la promesse de garder le secret de la punition des autres, ce que j'ai fait, non pas tant parce que j'avais peur de Gilbert, que parce que j'étais toujours enclin à m'occuper de mes propres affaires. Mais finalement, un jour, Gilbert m'a dit : « Jake », comme il m'appelait, « tu es un bon garçon, mais je suis prêt à t'en essuyer aujourd'hui, comme je l'essuie. ils toder boys. " Bien sûr, je devais enlever mon seul vêtement, qui était une chemise en lin d'Osnaburg , portée par les deux sexes des enfants noirs en été. Alors que je me tenais tremblant devant mon impitoyable supérieur, qui avait une manette dans son D'un autre côté, des milliers de pensées traversèrent mon petit esprit sur la façon de me débarrasser du fouet. Je tombai finalement sur un plan qui, j'espérais, me sauverait d'une punition proche. Il y avait des charpentiers dans les bois, d'autres. loin de nous, coupant du bois ; ils étaient loin, mais c'était une matinée claire, donc nous pouvions entendre leurs voix et le bruit des haches. Ayant décidé dans mon esprit ce que j'allais faire, j'ai commencé à contrecœur à enlever ma chemise. , suppliant en même temps Gilbert, qui ne prêta aucune attention à ma prière, mais dit : « Jake, je suis prêt à t'essuyer aujourd'hui comme je l'ai fait avec eux. toder boys. » Après m'être assuré qu'il n'y avait aucune pitié envers Gilbert, j'enlevai ma chemise et la jetai par-dessus sa tête, et je me mis à courir en direction du bruit des charpentiers. à cause de l'enchevêtrement de mon vêtement, j'avais un peu de recul. Entre mon point de départ et l'endroit où travaillaient les charpentiers, je sautai par-dessus des buissons de cinq ou six pieds de haut. Gilbert gagna bientôt sur moi et me toucha parfois. avec ses mains, mais comme je n'avais rien à quoi se raccrocher, il ne put me saisir. Alors que je commençais à apercevoir les charpentiers, Gilbert me pria de ne pas aller vers eux, car il savait que ce serait le cas. ce serait mauvais pour lui, mais comme ce n'était pas le moment pour moi d'écouter ses supplications, j'avançai plus vite. En m'approchant des charpentiers, l'un d'eux courut à ma rencontre, dans les bras duquel je sautai l'homme. dont je courais dans les bras était l'oncle Benjamin, l'oncle de ma mère. En me serrant dans ses bras, il me dit : « Bres de Lo, mon fils, qu'est-ce qui se passe ? Mais j'étais si épuisé qu'il m'a fallu un certain temps. je pourrais lui parler de mon problème; Une fois remis de mon état d'essoufflement, je lui ai dit que Gilbert avait l'habitude de déshabiller les garçons et de les fouetter deux ou trois fois par semaine, lorsque nous allions dans les bois, et je les ai menacés de punitions plus sévères s'ils le disaient. J'ai dit qu'il ne m'avait jamais fouetté auparavant, mais on m'a conseillé de garder le secret, ce que j'avais fait jusqu'à présent ; mais il a dit qu'il allait me fouetter ce matin, alors j'ai jeté ma chemise par-dessus sa tête et j'ai couru ici pour me protéger. Gilbert ne m'a pas suivi après que j'aie aperçu les charpentiers, mais s'est enfui en douce. Bien sûr, mon corps était tout meurtri et écorché par les buissons. Faisant office de guide pour l'oncle Benjamin, je l'emmenais là où j'avais laissé mon vêtement.

A cette époque, les enfants étaient dispersés dans les bois, attendant ce que les ennuis leur apporteraient ; Ils furent tous rassemblés et emmenés à la maison des dunes, examinés et il fut constaté, comme je l'ai dit, que leurs dos étaient tous marqués. Gilbert a été traduit en justice, sévèrement fouetté, et ils l'ont obligé à supplier tous les enfants de lui pardonner le traitement qu'il leur avait réservé. Mais il n'a jamais été autorisé à aller dans les bois avec le reste des enfants pendant cette saison. Mes associés des dunes m'ont toujours remercié pour le cours que j'ai suivi, ce qui nous a épargné, ainsi qu'à moi-même, d'une nouvelle punition de sa part.

MAÎTRE ET MAÎTRESSE EN VISITE.

Lorsque maître et maîtresse devaient rendre visite à leurs petits nègres au dunes, la nouvelle était soit apportée par le surveillant qui résidait à l'endroit mentionné ci-dessus et faisait des allers-retours à la plantation, soit par l'un des domestiques du maître , un jour à l'avance. La préparation requise pour recevoir nos invités blancs était que chaque petit nègre devait être lavé et vêtu de la plus belle robe qu'il possédait. Mais avant que cela ne soit fait, nous avons tenté en vain de redresser nos laines indisciplinées avec quelques petites cartes, ou Jim-Crows comme nous les appelions.

Un jour, une vieille dame, du nom de Janney Cuteron , essaya de redresser ma laine avec un de ces corbeaux ; tandis qu'elle accrochait les dents de l'instrument dans ma laine inflexible avec sa grande main masculine, bien sûr, j'ai été projeté à plat sur le dos. C'était le sort commun de la plupart de mes associés, dont les laines étaient de la même nature, mais avec un peu d'eau et une forte application du Jim-Crow, la vieille dame a bientôt peigné ma laine pour lui donner une sorte de forme.

Comme nos préparatifs étaient généralement terminés trois quarts d'heure avant l'arrivée de nos invités, nous étions mis en rang, les garçons ensemble et les filles seules. Nous avons ensuite été initiés à l'art de nous adresser à nos visiteurs attendus. Les garçons devaient pencher le corps vers l'avant, la tête baissée, reposer le corps sur le pied gauche et gratter le pied droit vers l'arrière sur le sol, tout en prononçant les mots « Comment vont Massie et Missie ». Les filles devaient utiliser les mêmes mots, accompagnés d'une courtoisie. Mais lorsque Maître et Maîtresse furent partis, les petites laines africaines furent négligées jusqu'à l'annonce de leur prochaine visite.

Nos journées au sable étaient très agréables, en dehors du régime alimentaire rarement modifié, à savoir la bouillie, que nous devions parfois manger avec de la mélasse, le traitement de Gilbert et la tentative de redresser nos laines indisciplinées.

J'ai dit que mon père avait été amené d'Afrique alors qu'il n'était qu'un garçon et qu'il avait été vendu au vieux colonel Dick Singleton ; et lorsque les enfants furent majeurs, le colonel partagea ses plantations entre eux, et le père tomba entre les mains du colonel MK Singleton, qui était le deuxième fils.

Sur cette grande plantation il y avait 465 esclaves ; il n'y en avait pas autant lorsqu'il fut remis au colonel MR, mais il augmenta jusqu'au nombre indiqué ci-dessus, jusqu'au moment de l'émancipation.

Mon père n'était pas un ouvrier des champs ; mon premier souvenir de lui était qu'il s'occupait des porcs et des vaches dans le marais, et lorsqu'il était trop vieux pour ce travail, il était envoyé à la plantation pour s'occuper des chevaux et des mulets, car le maître en avait un grand nombre à sa disposition. de sa ferme.

J'ai déclaré que mon père avait dit que le nom de son père en Afrique était Moncoso et celui de sa mère Mongomo , mais je n'ai jamais su quel nom il portait avant d'être amené dans ce pays. Je sais seulement qu'il a déclaré que le colonel Dick Singleton lui avait donné le nom de William, sous lequel il était connu jusqu'au jour de sa mort. Le père avait un nom de famille, Stroyer , qu'il ne pouvait pas utiliser en public, car le nom de famille Stroyer serait contraire à la loi ; il n'était connu que sous le nom de William Singleton, parce que c'était le nom de son maître. Le titre de Stroyer lui fut donc interdit et ne put être utilisé que par ses enfants après l'émancipation des esclaves.

Les propriétaires d'esclaves donnaient deux raisons pour lesquelles ils n'autorisaient pas un esclave à utiliser son propre nom, mais plutôt celui de son maître. La première était que, s'il s'enfuyait, il ne serait pas aussi facilement détecté en utilisant son propre nom que par celui de son maître. La seconde, c'est que lui permettre de porter son propre nom, ce serait partager un honneur qui n'est dû qu'à son maître, et ce serait trop pour un nègre, disaient-ils, qui n'était qu'un domestique. Ainsi, le fait qu'un esclave soit attrapé sous son propre nom était considéré comme un crime, un crime qui l'exposait à de sévères punitions. Mais grâce à Dieu, ces jours sont passés et nous vivons désormais sous le soleil de la liberté.

MÈRE.

Le nom de ma mère était Chloé. Elle appartenait également au colonel MR Singleton ; elle était ouvrière des champs et n'a jamais été vendue, mais ses parents l'ont été autrefois.

M. Crough qui, comme je l'ai dit, était propriétaire de cette plantation sur laquelle vivait sa mère, avait vendu la plantation au colonel Dick Singleton, avec les parents de sa mère, avant sa naissance.

La plupart des membres de la famille dont était issue la mère exerçaient des métiers; certains étaient charpentiers, certains étaient forgerons, certains domestiques et d'autres étaient nommés chauffeurs des autres nègres . Bien sûr, les chauffeurs noirs étaient dirigés par un homme blanc, appelé le surveillant. Parfois, les chauffeurs noirs étaient bien pires envers leurs camarades noirs que les hommes blancs.

La mère avait un oncle du nom d'Ésaü, auquel le maître pensait plus que le surveillant. L'oncle Ésaü était plus cruel que n'importe quel maître blanc jamais eu dans sa plantation. De nombreux esclaves le fuyaient dans les bois. J'ai vu certains nègres fuir le traitement cruel de l'oncle Ésaü et rester à l'écart pendant huit ou dix mois. Ils avaient tellement peur de lui qu'ils disaient qu'ils préféraient voir le diable plutôt que de le voir ; ils étaient heureux quand il est mort. Mais même si tant de choses ont été dites sur l'oncle Ésaü, ce qui était également vrai de nombreux autres chauffeurs noirs , les surveillants eux-mêmes n'étaient pas innocents de leur cruauté envers les esclaves sans défense .

J'ai dit que la plupart des membres de la famille dont était issue la mère exerçaient des métiers quelconques ; mais elle a dû tenter sa chance sur le terrain avec ceux qui ont dû résister à la tempête. Mais mes lecteurs ne doivent pas penser que ceux dont j'ai parlé comme ayant des métiers étaient exempts de punition, car ils ne l'étaient pas ; certains d'entre eux ont eu plus de difficultés que les ouvriers sur le terrain. Parfois, le surveillant, qui était un homme blanc, se rendait à l'atelier du forgeron ou du charpentier et lui cherchait querelle, afin d'avoir l'occasion de le punir. Il disait au nègre : « Oh, vous vous considérez aussi bon que votre maître, vous... » Bien sûr, il savait ce que cherchait le surveillant, alors il avait peur de parler ; le surveillant, n'entendant aucune réponse, se tournait vers lui et criait : « Vous êtes si grand que vous ne pouvez pas me parler, vous... », et alors le conflit commençait, et il infligerait à cet homme une punition telle qu'elle le rendrait invalide. lui pendant deux ou trois mois. Le contremaître impitoyable lui disait : « Vous pensez que parce que vous avez un métier, vous êtes aussi bon que votre maître, vous... ; mais je vais vous montrer que vous n'êtes qu'un nègre.

J'ai dit que mon père avait deux femmes et quinze enfants : quatre garçons et trois filles de la première, et six garçons et deux filles de la seconde épouse. Bien sûr, il n'épousa pas ses femmes comme c'est le cas aujourd'hui, car cela n'était pas autorisé parmi les esclaves, mais il les prit pour épouses d'un commun accord. Il a eu ma mère après le décès de sa première femme. Je suis le troisième fils de sa deuxième épouse.

Mes lecteurs aimeraient tout naturellement savoir si certains esclaves n'avaient pas plus d'une femme. Je réponds qu'ils l'avaient fait ; car comme ils n'avaient aucune loi pour les lier à une seule femme, ils pouvaient en avoir autant qu'ils voulaient d'un commun accord. Mais ils avaient néanmoins le sens de la loi morale, car beaucoup d'entre eux estimaient qu'il était juste de n'avoir qu'une seule femme ; ils avaient des opinions différentes sur la pluralité des épouses, tout comme les Blancs les plus instruits et les plus raffinés.

J'ai rencontré un jour un de mes camarades nègres , qui vivait à côté de nous, et je lui ai dit : « Eh bien, oncle William, comment vas-tu aujourd'hui ? Sa réponse a été "Dieu merci, mon fils, j'ai deux femmes maintenant et je dois essayer de m'entendre avec elles jusqu'à ce que j'en ai d'autres." Mais même si vous en trouverez beaucoup comme lui, d'autres réprimanderaient l'idée d'avoir plus d'une épouse. Mais, grâce à Dieu, le jour est venu où nul n'a besoin de plaider l'ignorance, car maître et serviteur sont tous deux tenus par la même loi.

Je ne suis pas allé au dunes, ou au siège d'été, pendant le temps qui m'était imparti , mais je me suis arrêté à la plantation avec mon père, car je lui ai dit qu'il s'occupait des chevaux et des mulets. J'étais avec lui dans la cour de la grange quand j'étais encore un très petit garçon ; bien sûr, cela m'a donné un goût précoce pour le métier de valet de chambre, et j'ai bientôt fait connaître ma préférence pour le colonel Singleton, qui était un sportif et propriétaire de beaux chevaux. Et, bien que j'étais trop petit pour travailler, le colonel accéda à ma demande ; c'est pourquoi j'ai pu être compté parmi ceux qui s'occupaient des beaux chevaux et apprenaient à monter à cheval. Mais j'ai vite découvert que mon nouveau métier exigeait un peu plus que ce à quoi je m'attendais.

Peu de temps après que j'eus commencé mon nouveau travail, on me mit sur le dos d'un cheval qui me jeta à terre presque aussitôt que j'atteignis son dos. Cela m'a fait un peu mal, mais ce n'était pas le pire, car quand je me suis levé, il y avait un homme qui se tenait tout près, un interrupteur à la main, et il a immédiatement commencé à me battre. Même si j'étais un très mauvais garçon, c'était la première fois que j'étais fouetté par quelqu'un sauf mon père et ma mère, alors j'ai crié d'un ton de voix comme si je disais, c'est le premier et le dernier fouet que tu me donneras. moi quand mon père t'attrape.

Quand je me suis éloigné de lui, j'ai couru vers mon père de toutes mes forces, mais j'ai vite trouvé mon attente déçue, car mon père m'a dit très froidement : « Retourne à ton travail et sois un bon garçon, car je ne peux rien faire pour toi. ". Mais cela ne m'a pas satisfait, alors je suis allé voir ma mère avec ma plainte et elle s'est adressée à l'homme qui m'avait fouetté ; c'était un palefrenier, un homme blanc que le maître avait engagé pour dresser les chevaux. Mère et lui ont commencé à parler, puis il a pris un fouet et s'est dirigé vers elle, et elle s'est enfuie de lui, parlant tout le temps. J'ai couru entre sa mère et lui jusqu'à ce qu'il arrête de la battre. Après la bagarre entre le marié et la mère, il m'a ramené dans la cour de l'écurie et m'a infligé une sévère flagellation. Et, même si ma mère n'a pas réussi à m'aider au début, j'avais néanmoins la foi que lorsqu'il m'aurait ramené à l'écurie et qu'il aurait commencé à me fouetter, elle viendrait et l'arrêterait, mais j'ai regardé en vain, car elle n'est pas venue. .

Puis l'idée m'est venue pour la première fois que moi, avec mon cher père et ma chère mère et le reste de mes camarades noirs , j'étais voué à un traitement cruel tout au long de ma vie et que j'étais sans défense . Mais quand j'ai constaté que mon père et ma mère ne pouvaient pas me sauver du châtiment, puisqu'ils devaient eux-mêmes subir le même traitement, j'ai décidé de faire appel à la sympathie du marié, qui semblait avoir un contrôle total sur moi ; mais mes cris pitoyables n'atteignirent jamais sa sympathie, car les choses semblaient empirer plutôt que s'améliorer ; alors j'ai décidé d'endiguer la tempête du mieux que je pouvais.

J'ai dit que le colonel Singleton avait de beaux chevaux, qu'il gardait pour les courses, et qu'il en possédait deux très remarquables, nommés capitaine Miner et inspecteur. Peut-être que certains de mes lecteurs ont déjà entendu parler du capitaine Miner, car il était largement connu pour avoir remporté de nombreuses courses à Charlestown et à Columbia, en Caroline du Sud, ainsi qu'à Augusta, en Géorgie et à New York. C'était un bai sombre, avec une queue courte. L'inspecteur était un alezan et avait la réputation d'être un très grand cheval. Ces deux chevaux ont rapporté plusieurs milliers de dollars au colonel . J'ai monté ces deux chevaux un grand nombre de fois lors de leurs galops d'entraînement, mais je n'ai jamais eu l'occasion de les monter dans une course avant la mort du colonel Singleton, car il n'a pas vécu longtemps après que j'aie appris à monter pour de l'argent. La coutume était que lorsqu'un garçon avait appris le métier de cavalier, il devait participer à ce qu'on appelait un essai, en présence d'un juge, qui approuverait ou désapprouverait ses qualifications pour être admis comme cavalier de course. selon les lois jockey de Caroline du Sud à l'époque.

J'ai dit que j'aimais le métier et que j'avais acquis cette compétence très tôt, ce qui m'a permis de réussir mon examen avec honneur et d'être accepté comme cavalier compétent, mais j'ai subi un traitement très sévère avant d'en arriver là.

Cet homme blanc qui entraînait les chevaux pour le colonel Singleton s'appelait Boney Young ; il avait un frère nommé Charles, qui s'entraînait pour le frère du colonel, John Singleton. Charles était un homme bon, mais Boney, notre entraîneur, était aussi méchant que Charles était bon ; il pouvait sourire face à celui qui souffrait de la mort la plus douloureuse de ses mains.

Un jour, environ deux semaines après le conflit entre Boney Young et sa mère, il m'a appelé, comme s'il était d'humeur des plus agréables ; il chantait. J'ai couru vers lui comme pour lui dire par action, je ferai tout ce que tu me demanderas, volontairement. Quand je suis arrivé près de lui, il m'a dit : « Allez m'apporter une interrupteur, monsieur. » J'ai répondu : « oui, monsieur

», et je suis parti lui en apporter un ; puis il dit : « Entrez ici, monsieur ; » J'ai répondu: "oui, monsieur;" et je suis entré dans un box pour chevaux, mais pendant que j'y allais, mille pensées me sont venues à l'esprit quant à la raison pour laquelle il voulait que j'entre dans le box, mais quand je suis entré, j'ai vite appris, car il m'a donné un premier flagellation de classe.

Un jour ou deux après, il m'a appelé de la même manière, j'y suis retourné et il m'a envoyé chercher un changement. Je lui ai apporté un petit chaume usé, qu'il a pris et avec lequel il m'a frappé à la tête. Alors il me dit : « Allez m'apporter une baguette, monsieur ; » J'ai répondu "Oui, monsieur;" et je repartis une seconde fois, et je lui en apportai une à peine meilleure que la première ; il m'a aussi cassé la tête en disant : « Allez m'apporter une baguette, monsieur ; » J'ai répondu : « Oui, monsieur », et je suis parti une troisième fois et j'en ai apporté un qui, je pensais, lui conviendrait. Puis il m'a dit : « Entrez ici, monsieur. J'ai répondu : « Oui, monsieur. » Quand je suis entré dans la stalle, il m'a dit de m'allonger et je me suis penché ; il m'a donné des coups de pied pendant un moment, puis, me faisant mentir sur le visage, il m'a fouetté à sa satisfaction.

Ce soir-là, quand je suis rentré chez mon père et ma mère, je leur ai dit : « M. Young me fouette trop maintenant, je ne le supporterai pas, je vais le combattre. Mon père m'a dit : « Tu ne dois pas faire cela, car si tu le fais, il dira que ta mère et moi t'avons conseillé de le faire, et cela rendra la tâche difficile pour ta mère et moi, ainsi que pour toi. fais ce que je te dis, mon fils : fais ton travail du mieux que tu peux et ne dis rien. J'ai dit à mon père : "Mais je ne sais pas ce que j'ai fait pour qu'il me fouette ; il ne me dit pas quel mal j'ai fait, il m'appelle simplement et me fouette quand il est prêt." Père a dit : « Je ne peux rien faire d'autre que de prier le Seigneur de hâter le moment où ces choses seront abolies ; c'est tout ce que je peux faire. » Quand ma mère m'eut déshabillée et regarda les blessures que j'avais, elle fondit en larmes et dit : « S'il n'était pas si petit, cela ne me dérangerait pas tellement ; cela briserait sa constitution ; je vais maîtriser cela. , parce que je sais qu'il ne permettra pas à M. Young de traiter cet enfant de la sorte."

Et je me suis dit que si ma mère en avait parlé à mon maître, cela m'aurait un peu aidé, car lui et elle avaient grandi ensemble et il pensait beaucoup à elle. Mais le père dit à la mère : « Tu ferais mieux de ne pas aller chez le maître, car s'il peut empêcher que l'enfant soit maltraité, M. Young peut se venger par l'intermédiaire du surveillant, car tu sais qu'ils sont très amicaux l'un envers l'autre. » Ainsi dit le père à la mère : "En fin de compte, tu ne gagneras rien ; le mieux que nous puissions faire est de beaucoup prier pour cela, car je crois que le temps viendra où ce garçon et le reste des enfants seront libres, même si nous ne vivrons peut-être pas pour le voir.

Quand mon père parlait de liberté, ses paroles me consolaient beaucoup, et mon cœur se gonflait de l'espoir d'un avenir qui me faisait paraître chaque instant comme une heure.

Le père avait une règle, qui était strictement appliquée dans la mesure du possible en vertu de la loi sur les esclaves, qui était de coucher tôt ses enfants ; mais cette nuit-là, toute la famille veilla tard, pendant que père et mère discutaient de la question. C'était une coutume parmi les esclaves de ne pas permettre à leurs enfants en dessous d'un certain âge d'entrer en conversation avec eux ; nous ne pouvions donc pas prendre part à notre père et à notre mère. Comme j'étais l'objet de leur sympathie, j'ai eu le privilège de répondre aux questions sur la flagellation que le marié m'avait infligée.

Quand est venu l'heure d'aller nous coucher, nous nous sommes tous agenouillés pour prier en famille, comme c'était notre habitude ; la prière de mon père m'a semblé plus réelle cette nuit-là que jamais auparavant, en particulier dans les mots : « Seigneur, hâte le moment où ces enfants seront leurs propres hommes et femmes libres.

Ma foi dans la prière de mon père m'a fait penser que le Seigneur lui répondrait au plus tard dans deux ou trois semaines, mais il s'est écoulé six ans avant qu'elle n'arrive, et mon père était mort deux ans avant la guerre.

Après la prière, nous nous sommes tous couchés ; le lendemain matin, mon père allait à son travail dans la cour de la grange, ma mère au sien dans les champs, et moi au mien parmi les chevaux ; Cependant, avant que je commence, mon père m'a demandé de suivre scrupuleusement ses conseils, car il disait que ce serait le moyen le plus facile pour moi de m'entendre.

Mais malgré les conseils de mon père, j'avais décidé de ne pas subir le traitement de M. Young comme auparavant, car cela ne m'aidait en rien. Les choses se sont bien déroulées pendant un moment, jusqu'à ce qu'il m'appelle et m'ordonne de lui apporter un interrupteur. Je lui ai dit que je ne lui apporterais plus d'interrupteurs pour me fouetter, mais qu'il devait les obtenir lui-même. Après avoir répété l'ordre avec beaucoup d'impatience, et que j'ai refusé, il a appelé un autre garçon nommé Hardy, qui a apporté l'interrupteur, puis m'a emmené dans la stalle et m'a fouetté sans pitié.

Ensuite, il me faisait courir tous les matins, pendant une demi-heure ou trois quarts d'heure, à environ deux cent cinquante mètres, et de temps en temps il courait après moi et me fouettait pour me faire courir plus vite. En plus, quand j'étais monté sur un cheval, s'il me jetait, il me fouettait, si c'était cinq fois par jour. Je n'ai donc rien gagné en refusant de lui apporter des interrupteurs pour me fouetter.

Un matin très froid du mois de mars, je suis rentré de chez moi sans me laver le visage, et M. Young a obligé deux des garçons esclaves à m'emmener jusqu'à un étang où les chevaux et les mulets buvaient ; ils m'ont jeté à l'eau et m'ont frotté le visage avec du sable jusqu'à ce qu'il saigne, puis on m'a fait courir jusqu'à l'écurie, qui était à environ un quart de mile. Ce traitement cruel m'a vite endurci au point que je ne me souciais plus de lui.

Peu de temps après, on m'envoya avec les autres garçons à environ quatre ou cinq milles de chez moi, sur la voie publique, pour pratiquer le cheval, et ils me donnèrent à monter un animal très sauvage, qui me jetait très souvent. M. Young ne nous accompagnait pas, mais envoyait chaque matin un palefrenier de couleur, qui était très fidèle à chaque tâche qui lui était confiée ; on lui avait demandé de me fouetter chaque fois que le cheval me jetait lorsque j'étais loin de chez moi. J'ai reçu de nombreuses petites flagellations de la part du palefrenier de couleur, lorsque le cheval me lançait, un grand nombre de fois, mais les flagellations que j'ai reçues de lui étaient très faibles comparées à celles de l'homme blanc ; c'est pourquoi j'étais mieux content de partir avec le marié de couleur que de rester à la maison où je devrais subir une pire punition.

Mais le moment approchait où ils cessaient de me fouetter parce que j'avais été projeté par des chevaux. Un jour, comme je marchais sur la route, le cheval sur lequel j'étais s'élança à la vue d'un oiseau qui volait en travers du chemin, me jetant sur un tas de broussailles. Le cheval m'a marché sur la joue et la tête d'un clou de sa chaussure m'a traversé la joue gauche et m'a cassé une dent, mais cela s'est fait si vite que je l'ai à peine senti. Il est arrivé qu'il ne m'ait pas marché de tout son poids, sinon ma mâchoire aurait été cassée. Quand je me suis levé, le palefrenier de couleur se tenait à côté de moi, mais il ne pouvait pas me fouetter quand il a vu le sang couler de ma bouche, alors il m'a emmené jusqu'au ruisseau, qui n'était qu'à une courte distance de l'endroit, et m'a lavé. , puis me ramenant chez moi, j'envoyai chercher un médecin qui pansa la plaie.

Lorsque M. Young a vu mon état, il a demandé comment cela s'était passé et, après avoir été informé, il a répondu que cela aurait dû me tuer. Après que le médecin m'eut pansé le visage, je rentrai bien sûr chez moi, pensant qu'ils me permettraient de rester jusqu'à ce que je sois guéri, mais je n'étais pas plus tôt arrivé que le palefrenier m'envoya chercher ; Je n'ai pas répondu, car ma mâchoire me faisait très mal. Lorsqu'il a constaté que je n'étais pas venu, il m'a poursuivi lui-même et m'a dit que si je ne venais pas tout de suite à l'écurie, il me fouetterait, alors je suis parti avec lui. Il ne m'a pas fouetté pendant que j'étais dans cet état, mais il ne m'a pas laissé m'allonger, alors j'ai beaucoup souffert d'être exposé.

Lorsque ma mère est revenue de la ferme cette nuit-là et a vu mon état, elle a été accablée de chagrin ; dit-elle au père, "cette blessure suffit à tuer l'enfant, et cet homme impitoyable ne le laissera pas se coucher jusqu'à ce qu'il soit guéri : c'est trop dur." Père lui dit : « Je sais que c'est très dur, mais que pouvons-nous faire ? Car si nous essayons de garder ce garçon à la maison, cela nous causera des ennuis. Mère a dit : « J'aimerais qu'ils le retirent du monde, alors il ne souffrirait plus et nous n'aurions pas à nous inquiéter pour lui, car il serait au paradis. Puis elle m'a saisi et m'a dit : « Est-ce que ça te fait mal, mon fils ? je voulais dire mon visage, et j'ai dit : « Oui, maman », et elle a versé des larmes ; mais elle n'avait pas de petits jouets à me donner pour me réconforter ; elle ne pouvait me promettre que ce qu'elle avait, c'est-à-dire des œufs et des poules.

Mon père ne montrait pas son chagrin pour moi comme ma mère, mais il essayait de la réconforter autant qu'il pouvait et me disait parfois : « Peu importe, mon fils, tu seras un homme à un moment donné », mais il l'a fait. Je ne sais pas ce qui me passait par la tête à ce moment-là. Même si j'étais très petit, je pensais que si, quand j'étais enfant, mon traitement était si sévère, ce serait bien pire quand je deviendrais un homme, et avoir eu la chance de voir comment les hommes étaient punis, ce n'était qu'une très mauvaise consolation. tome.

Finalement, le moment est venu pour nous d'aller nous coucher et nous nous sommes tous agenouillés pour prier en famille. Père a remercié Dieu de m'avoir sauvé d'une blessure plus grave, puis il a prié pour le réconfort de ma mère, ainsi que pour le temps qu'il avait prédit, c'est-à-dire le temps de liberté, où moi et le reste des enfants serions notre propres maîtres et maîtresses; puis il nous recommanda à Dieu, et nous nous couchâmes tous. Le lendemain matin, je me suis rendu à mon travail avec beaucoup de douleur. Ils ne m'ont pas envoyé sur la route avec les chevaux dans cet état, mais j'ai dû monter les vieux chevaux jusqu'à l'abreuvoir et travailler autour de l'écurie jusqu'à ce que j'aille assez bien pour aller avec les autres garçons. Mais je suis heureux de dire qu'à partir du moment où j'ai été blessé par ce cheval, je n'ai jamais été projeté, sauf par négligence, et je n'ai pas non plus eu peur d'un cheval par la suite.

Même si mon père et ma mère s'inquiétaient beaucoup pour moi, ils étaient fiers de mon succès en tant que cavalier, mais mes difficultés ne s'arrêtaient pas là.

Peu de temps après, j'ai été emmené à Columbia et à Charleston, en Caroline du Sud, où se tenaient les courses. Cette année-là, le colonel Singleton a remporté une grosse somme d'argent grâce au cheval bien connu, le capitaine Miner, et c'était la même saison où j'ai participé à ma course d'essai. L'année suivante, avant l'heure de la course, le colonel Singleton mourut à son siège d'été. Après la mort du maître, la maîtresse a vendu tous les chevaux de course, ce qui a mis fin aux chevaux de sport dans cette famille.

J'ai dit que Boney Young, la salle d'entraînement du colonel Singleton, avait un frère du nom de Charles, qui entraînait des chevaux pour le frère du colonel, John Singleton. Boney était un meilleur entraîneur, mais Charles était un meilleur homme pour les nègres . Il était illégal pour un esclave d'acheter des boissons spiritueuses sans ticket, mais Charles avait l'habitude de donner aux garçons des tickets pour acheter du rhum et du whisky. Il leur a également permis de voler les vaches et les porcs des voisins.

Je me souviens qu'un jour ses garçons tuèrent une vache appartenant à un nommé Le Brun ; peu de temps après que la viande ait été apportée à l'écurie, Le Brun est monté à cheval avec un fusil de chasse chargé et a menacé de tirer sur la personne chez qui la viande avait été trouvée. Bien entendu, les appartements des nègres furent fouillés ; mais comme cela avait été prévu, M. Young leur avait fait mettre la viande dans son appartement, et, comme il était interdit à un homme blanc de fouiller la maison d'autrui ou n'importe quel appartement sans preuve très solide, le la viande n'a pas été trouvée. Avant de chercher parmi les nègres , M. Young dit à Le Brun : « Vous pouvez chercher, mais vous ne trouverez pas votre bœuf ici, car mes garçons ne volent pas. Le Brun répondit : « M. Young, votre parole est peut-être vraie, monsieur, mais je confierais de l'argent à un nègre bien plus tôt qu'à des vaches et des porcs. » M. Young a répondu : « C'est peut-être vrai, mais vous ne trouverez pas votre problème ici. »

Après avoir fouillé leurs chambres et leurs vêtements, du sang a été trouvé sous certains de leurs ongles, ce qui a accru les soupçons de Le Brun selon lesquels ils appartenaient à la personne qui avait volé sa vache ; mais M. Young répondit : « Ce sang vient de lapins que mes garçons ont attrapés aujourd'hui. M. Le Brun a tenté d'effrayer un des garçons, de lui faire dire que c'était le sang de sa vache. M. Young a déclaré : « M. Le Brun , vous avez cherché et vous n'avez pas trouvé votre bœuf, comme je vous ai dit que vous ne le feriez pas ; je vous ai également dit que le sang sous leurs ongles provient de lapins capturés aujourd'hui. croyez-moi sur parole, monsieur, sans vous donner davantage de peine ; de plus, ces garçons appartiennent à M. Singleton, et si vous voulez faire de nouvelles démarches, vous devrez le voir. » Constatant qu'il n'était pas autorisé à faire ce qu'il voulait, M. Le Brun fit de grands serments et menaces, en montant à cheval pour partir, qu'il tuerait le tout premier de ces garçons qu'il attraperait près de son bétail. Lui et M. Young ne se sont jamais mis d'accord par la suite.

Mais le pauvre M. Young, aussi bon qu'il fût envers les nègres , était un ennemi de lui-même, car il buvait beaucoup. Les gens qui l'ont connu avant moi disaient qu'ils ne l'avaient jamais vu boire du thé, du café ou de l'eau, mais plutôt du rhum et du whisky ; il buvait tellement qu'il avait l'habitude de tomber dans des crises de folie ; il a finalement mis fin à ses jours en se coupant la gorge avec un rasoir, à un endroit appelé O'Handly's race course, à environ trois miles de Columbia, Caroline du Sud. Cela a été fait quelques jours seulement avant l'une des grandes courses.

Boney Young est également de rang, mais pas aussi dur que Charles. Il vécut jusqu'à la fin de la guerre et, un jour, alors qu'il se promenait dans l'une des rues de la ville susmentionnée, il tomba mort, souffrant de ce qui était censé être une maladie cardiaque.

Boney avait une mulâtresse, nommée Moriah, qui avait été initialement amenée de Virginie par des commerçants noirs , mais qui avait été vendue plus tard à plusieurs maîtres différents. Le problème était qu'elle était très belle, et partout où elle était vendue, ses maîtresses devenaient jalouses d'elle, de sorte qu'elle changeait très souvent de propriétaire. Elle fut finalement vendue à Boney Young, qui n'avait pas de femme ; et elle a vécu avec lui jusqu'à ce qu'elle soit libérée par la proclamation d'émancipation. Elle a eu deux filles ; l'aînée s'appelait Annie, mais nous l'appelions sisie ; la plus jeune s'appelait Joséphine. Annie ressemblait à son père, Boney Young, tandis que Joséphine ressemblait suffisamment à Charles pour avoir été sa fille. Il était assez facile de dire que la mère était issue de la race noire , mais les filles pouvaient passer pour des blanches. Leur mère, Moriah, est décédée en Colombie quelque temps après la guerre. Annie est partie et s'est mariée à un Blanc, mais je ne sais pas ce qu'est devenue Joséphine.

Peu de temps avant la mort de Maître, il assurait la sécurité d'un homme du Nord, caissier d'une des plus grandes banques de la ville de Charleston. Cet homme s'est enfui avec une grosse somme d'argent, laissant le colonel dans l'embarras , ce qui l'a rendu très agité et maussade. Il n'avait pas été très bon auparavant avec ses esclaves, et cela ne faisait qu'empirer sa situation, car on savait que les propriétaires d'esclaves se vengeraient de leurs esclaves chaque fois qu'ils se mettraient en colère. J'avais vu un maître fouetter ses esclaves à de nombreuses reprises, mais jamais aussi sévèrement que ce printemps-là, avant sa mort.

Un jour, avant de se rendre à son siège d'été, il appela un homme, le déshabilla et le fouetta de sorte que le sang coula de son corps comme de l'eau jetée sur lui dans des tasses , et lorsque l'homme quitta l'endroit où il avait été attaché, le sang coulait de ses chaussures. Il dit à l'homme : « Vous vous souviendrez de moi maintenant, monsieur, aussi longtemps que vous vivrez. » L'homme répondit : "Oui, maître, je le ferai."

Le Maître est parti ce printemps-là pour la dernière fois ; il n'est jamais revenu vivant ; il est mort à son siège d'été. Lorsqu'ils ramenèrent sa dépouille à la maison, tous les esclaves furent autorisés à s'arrêter chez eux ce jour-là pour voir le dernier d'entre eux et se lamenter avec leur maîtresse. Après que tous les esclaves qui le voulaient eurent vu son visage, ils se rassemblèrent en groupes autour de la maîtresse pour la réconforter ; ils versaient de fausses larmes en disant : « Peu importe, mademoiselle, Massa est rentrée au paradis. Pendant que certains disaient cela, d'autres disaient : "Dieu merci, Massa est rentrée en enfer." Bien sûr, la plupart d'entre eux étaient heureux qu'il soit mort ; mais ils étaient rassemblés là dans le but exprès de réconforter maîtresse. Mais après la mort du maître, la maîtresse était bien pire que lui.

Lorsque le maître mourut, les choses se produisirent un grand changement dans la plantation ; les créanciers arrivèrent pour le règlement, de sorte que tous les beaux chevaux, et quelques autres, comme des chevaux de calèche, et quelques mulets aussi, furent vendus. Les esclaves que le maître avait achetés lui-même devaient être vendus, mais ceux qui étaient nés sur la plantation, donnée par son père, le vieux colonel Dick Singleton, ne pouvaient être vendus que lorsque les petits-enfants étaient majeurs.

Comme je l'ai dit, mes difficultés et mes épreuves ne se sont pas terminées avec les chevaux de course ; vous les verrez maintenant sous une autre forme.

Après que tous les beaux chevaux eurent été vendus, la maîtresse ordonna que les hommes et les garçons qui s'occupaient des chevaux soient mis dans le champ, et j'étais parmi eux, bien que petit ; mais j'étais devenu tellement attaché aux chevaux qu'ils ne pouvaient plus me faire travailler, alors ils ont commencé à me fouetter, mais chaque fois qu'ils me fouettaient, je quittais le champ et courais chez moi dans la cour de la grange.

Finalement, la maîtresse engagea un très mauvais homme comme surveillant, à la place du vieux Ben Usome , dont le nom était William Turner. Deux ou trois jours après son arrivée, il m'a emmené dans le champ et m'a fouetté jusqu'à ce que j'en sois malade, alors je suis rentré chez moi.

Je suis allé voir ma maîtresse et je lui ai dit que le surveillant m'avait fouetté ; elle m'a demandé si j'avais fait le travail qu'il m'avait confié. Je lui ai dit que maître m'avait promis que, lorsque je serais trop lourd pour monter à cheval de course, il m'enverrait apprendre le métier de charpentier ; elle m'a demandé si, au cas où elle me confierait un métier, je travaillerais, et je lui ai répondu que oui. Elle a donc consenti.

Mais le contremaître n'aimait pas l'idée de me faire travailler dans le métier que j'avais choisi. Il dit à sa maîtresse : « C'est la pire chose que vous puissiez faire, madame, de permettre à un nègre d'avoir le choix de ce qu'il doit faire. J'ai une certaine expérience en tant que surveillant depuis de nombreuses années et je pense que je suis capable de donner une déclaration correcte sur la nature des nègres en général. Je connais un monsieur qui a permis à ses nègres de gérer les choses à leur guise dans sa plantation, et le résultat a été qu'ils ont atteint le niveau de leur maître. l'influence se répand rapidement parmi les voisins, et si cela était permis, la Caroline du Sud aurait tous des maîtres et des maîtresses, et aucun serviteur et, comme je l'ai dit, je connais un peu la nature des nègres ; Ce garçon vous causera beaucoup d'ennuis à moins que vous ne commenciez à le maîtriser maintenant alors qu'il est jeune. Quelques années de retard lui permettront d'avoir une grande influence parmi ses camarades nègres, car ce garçon sait très bien lire maintenant. et vous savez, madame, il est interdit à un nègre de s'instruire, et si vous lui permettez de travailler au métier de menuisier, cela lui donnera ainsi la possibilité d'acquérir une meilleure éducation, car il ne sera pas directement soumis à l'instruction. l'œil de celui qui veillera à ce qu'il ne progresse plus.

Alors ma maîtresse m'a demandé : « Sais-tu lire, Jacob ? Je ne voulais pas qu'elle sache que j'avais remarqué ce qu'ils disaient, alors j'ai répondu : « Je ne sais pas, madame. Le surveillant dit : « Il ne sait pas ce que cela veut dire, madame, mais je peux lui faire comprendre. » Puis il a sorti un journal de sa poche et m'a dit : « Peux-tu dire ces mots ? J'ai pris le journal et j'ai commencé à lire, puis il me l'a pris.

Maîtresse m'a demandé quand j'avais appris à lire et qui me l'avait appris. Le surveillant ne le savait pas, mais il a dit qu'il se renseignerait auprès de moi. Se tournant vers moi, il sortit de nouveau le papier de sa poche et dit : « Jacob, qui t'a dit de dire des mots dans le livre ? J'ai répondu : « Personne, monsieur ; je les ai dit moi-même. Il a répété la question trois ou quatre fois et j'ai donné à chaque fois la même réponse. Alors ma maîtresse dit : « Je pense qu'il vaudrait mieux le mettre au commerce plutôt que de l'avoir aux champs, parce qu'il sera loin de ses compatriotes noirs et sera moins susceptible de les influencer si nous parvenons à le garder. loin." Le surveillant dit : « C'est peut-être vrai, madame, mais si nous parvenons à l'empêcher de poursuivre ses études, il finira par perdre le peu qu'il possède ; et maintenant, madame, si vous me permettez de le prendre en main, Je vais le faire sortir sans le blesser. » Juste à ce moment une voiture arriva devant la porte, et je courus comme d'habitude pour l'ouvrir, le contremaître vaqua à ses occupations, et la maîtresse alla parler aux personnes qui étaient dans la voiture. Je n'ai jamais eu l'occasion d'entendre leur conclusion.

Quelques jours après la conversation entre le contremaître et la maîtresse, je fus informé par une des esclaves, qui était charpentière , qu'elle avait ordonné que j'aille travailler avec lui au métier. Cela m'a procuré une grande joie, car j'avais très hâte de savoir ce qu'ils avaient décidé de faire de moi. Je me suis mis à mon nouveau métier avec beaucoup de plaisir et j'ai vite commencé à imaginer quel charpentier célèbre je ferais, et ce que je devrais dire et faire quand j'aurais appris le métier. Tout semblait bien se passer pour moi pendant environ deux mois, quand soudain on m'a dit un matin que je devais aller dans le champ pour jeter des graines de coton, mais je n'ai pas écouté l'appel, car la maîtresse n'était pas à la maison, et je savais qu'elle venais de me mettre au métier, et aussi que le contremaître essayait d'obtenir l'accord de la maîtresse pour que je travaille aux champs.

Le lendemain matin, le contremaître entra dans l'atelier du menuisier et dit :
« Ne vous ai-je pas ordonné d' aller aux champs, monsieur ? J'ai répondu :
« Oui, monsieur. » "Eh bien, pourquoi n'y êtes-vous pas allé ?" J'ai répondu :
« Maîtresse m'a mis ici pour apprendre le métier. Il a dit : « Je vous donnerai
du commerce. » Alors il m'a déshabillé et m'a donné un sévère coup de fouet,
et m'a dit que c'était le genre de métier dont j'avais besoin, et il m'a dit qu'il
m'en donnerait beaucoup. Le lendemain, je suis allé dans le champ et il m'a
fait laisser tomber des graines de coton, car j'étais trop petit pour faire autre
chose. J'aurais résisté davantage, mais ma maîtresse était très loin de la
maison, et j'avais déjà appris la leçon que mon père et ma mère ne pouvaient
me rendre aucune aide, alors j'ai pensé que la soumission à lui était la plus
facile pour moi.

Quand j'en ai fini avec la graine de coton, au bout d'environ trois semaines,
je suis retourné à l'atelier du menuisier pour travailler ; alors il est venu là et
m'a donné un autre coup de fouet sévère, et m'a dit : « Vous voulez apprendre
le métier de charpentier, mais je vous oblige à apprendre le métier des
champs. » Mais ce fut le dernier coup de fouet qu'il m'a donné, et le dernier
de son fouet.

Quelques jours après mon dernier fouet, les esclaves reçurent l'ordre de
descendre dans le marais de l'autre côté de la rivière pour défricher de
nouveaux terrains, alors que les terres déjà défrichées étaient trop humides à
cause de la pluie tombée cette nuit-là. Bien sûr, j'étais parmi eux pour faire
ma part ; c'est-à-dire que pendant que les hommes coupaient les arbres secs,
qui avaient déjà été abattus pendant l'hiver, et roulaient les bûches ensemble,
les femmes, les garçons et les filles empilaient les broussailles sur les bûches
et les brûlaient.

Nous devions traverser la rivière sur un bateau plat, trop petit pour
transporter tous les esclaves à la fois, ils devaient donc faire plusieurs
voyages.

M. Turner, le surveillant, traversa dans le premier appartement ; il ne
descendait pas au lieu de travail à cheval, mais marchait à pied, tandis que
son cheval, dressé pour se tenir seul sans être attelé, restait au débarcadère.
Mon cousin et moi avons traversé dans le dernier bateau. Après avoir
traversé, nous nous sommes attardés derrière la foule au palier ; Quand ils
furent tous partis, nous nous approchâmes du cheval et vîmes le fouet avec
lequel j'avais été fouetté quelques jours auparavant, attaché à la selle. Je lui ai
dit : « Voici le fouet avec lequel le vieux Turner m'a fouetté l'autre jour. Il a
dit : "Il devrait être placé là où il ne pourra plus jamais l'utiliser pour fouetter
qui que ce soit." J'ai répondu à mon cousin : « Si vous gardez le secret, je le
mettrai là où le vieux Bill, comme nous appelions M. Turner, ne l'utilisera
plus jamais . Il a accepté de garder le secret, puis m'a demandé comment je

pourrais ranger le fouet. Je lui ai dit que s'il me trouvait une ficelle et un morceau de fer, je lui montrerais comment faire. Il courut jusqu'à la grange du marais, qui se trouvait à une courte distance du bord de la rivière, et revint bientôt avec la ficelle et le fer parfaitement adaptés au travail. J'ai attaché le fer au fouet, je suis entré dans le bateau plat et je l'ai jeté le plus loin possible dans la rivière. Mon cousin et moi l'avons observé jusqu'à ce qu'il disparaisse sous l'eau ; puis, comme le font généralement les garçons coupables après des actes malfaisants, nous nous sommes précipités en courant, de toutes nos forces, parmi les autres nègres, et avons agi de la manière la plus inoffensive possible. M. Turner a fait plusieurs enquêtes, mais n'a jamais appris ce qu'était devenu son fouet.

Peu de temps après, pendant la guerre, en 1863, alors qu'un homme parcourait les différentes plantations pour rassembler les esclaves de leurs maîtres pour les emmener travailler aux fortifications et servir les officiers, il y avait dix esclaves. envoyés de la plantation de Mme Singleton, et j'étais parmi eux. Ils nous ont emmenés à Sullivan's Island à Charleston, en Caroline du Sud, et j'y suis resté toute l'année. J'ai remercié Dieu de m'avoir offert une meilleure chance d'éducation que celle que j'avais eue à la maison, et j'étais donc heureux d'être sur l'île. Même si je n'avais personne pour m'instruire, comme j'étais jeté parmi ceux de mes camarades nègres qui étaient tout aussi boiteux que moi en lettres, je me sentais néanmoins grandement soulagé d'être sous l'œil du surveillant, dont l'intention était de garder moi d'un avancement ultérieur. L'année après mon retour chez moi, je fus renvoyé à Fort Sumpter , en 1864. J'avais avec moi mon livre d'orthographe et, bien que les habitants du Nord nous tiraient dessus, j'essayais de poursuivre mes études.

En juillet de la même année, j'ai été blessé par les soldats de l'Union, un mercredi soir. J'ai été emmené dans la ville de Charleston, à l'hôpital du Dr Regg , et j'y suis resté jusqu'à ce que je sois suffisamment rétabli pour voyager, puis j'ai été envoyé en Colombie, où j'étais lorsque l'heure de la liberté m'a été proclamée, en 1865. C'était l'année du jubilé, l'année dont mon père avait parlé dans les jours sombres de l'esclavage, quand lui et sa mère veillaient tard pour en parler. Il dit à sa mère : « Le temps viendra où ce garçon et le reste des enfants seront leurs propres maîtres et maîtresses. » Il est mort six ans avant ce jour, mais sa mère jouit toujours de la liberté avec ses enfants.

Et mes lecteurs aimeraient sans doute savoir comment j'ai été blessé pendant la guerre. Nous étions obligés de faire notre travail de nuit, car ils nous tiraient dessus pendant le jour, et un mercredi soir, au moment où nous sortions, nous entendîmes le cri du gardien. "Attention." Il y avait une petite maison en chaux près du coin sud-ouest du fort, et douze ou treize d'entre nous y coururent, et tous furent tués sauf deux ; un obus est tombé sur la maison en chaux et a éclaté, et un morceau m'a ouvert le visage. Mais comme ce n'était pas mon heure de mourir, j'ai vécu pour jouir de la liberté.

J'ai dit que lorsque j'ai pu voyager, j'ai été envoyé de l'hôpital du Dr Ragg à Charleston à la plantation du colonel Singleton près de Columbia, à la fin de l'année 1864. Je n'ai fait aucun travail pendant le reste de cette année, parce que j'étais malade à cause de ma blessure reçue au fort.

À peu près à cette époque, le général Sherman traversa la Géorgie avec ses cent mille hommes et campa à Columbia, Caroline du Sud. Les propriétaires d'esclaves étaient très inquiets quant à la manière de conserver d'autres objets de valeur, car ils voyaient que l'esclavage était un cas désespéré. La maîtresse fit transporter certains de ses chevaux, mulets, vaches et porcs dans le marais, tandis que les autres qui restaient dans la plantation étaient distribués aux nègres pour qu'ils les gardent en sécurité, car elle avait entendu dire que les Yankees ne prendraient rien appartenant à leurs propriétaires. les esclaves. Un petit cochon d'environ cinquante ou soixante livres m'a été donné pour être gardé en sécurité. Quelques vieux chevaux et mulets furent enlevés de la plantation par les soldats de l'Union, mais ils ne trouvèrent rien d'autre.

Après que la Colombie eut été incendiée et que les choses se furent quelque peu calmées, en 1865, on demanda aux nègres de renoncer aux vaches et aux porcs qu'on leur avait donnés pour les garder en sécurité ; tous les autres ont abandonné le leur, mais le mien n'a pas été retrouvé. Sans doute mais mes lecteurs veulent savoir ce qu'il est devenu. Eh bien, je vais vous le dire. Vous savez tous que Noël était un grand jour pour les maîtres et les esclaves dans le Sud, mais le Noël de 1864 fut le plus grand qui soit jamais arrivé aux esclaves, car, bien que la proclamation ne nous soit parvenue qu'en 1865, nous sentions que le les chaînes qui nous liaient depuis si longtemps étaient presque brisées.

J'ai donc tué le cochon ce Noël-là, j'ai rassemblé tous mes associés et j'ai organisé un grand festin, après quoi nous avons dansé toute la semaine. Mère ne m'a pas permis de faire mon festin dans sa cabane, parce qu'elle avait peur que les Blancs ne l'accusent de m'avoir conseillé de tuer le cochon, alors je l'ai mangé dans l'une des cabanes d'un autre esclave.

Lorsque le surveillant m'a demandé le cochon qu'on m'avait donné, je lui ai dit que je l'avais tué pour mon festin de Noël. Maîtresse m'a dit : "Jacob, pourquoi ne m'as-tu pas demandé le cochon si tu le voulais, plutôt que de le prendre sans permission ?" J'ai répondu : "J'aurais demandé, mais j'ai pensé que, comme je l'avais en main, cela ne servait à rien de le demander." Le surveillant a voulu me fouetter pour cela, mais comme l'Oncle Sam avait déjà cassé le bras droit de l'esclavage, par la voix de la proclamation de 1863, il était impuissant.

Quand le joug m'a été retiré du cou, je suis allé à l'école à Columbia, en Caroline du Sud, pendant un certain temps, puis à Charleston. Ensuite, je suis arrivé à Worcester, Massachusetts, en février 1869. J'ai étudié un certain temps dans les écoles du soir de Worcester, ainsi qu'un certain temps à l'académie du même endroit. Pendant cette période, j'ai obtenu une licence de prédicateur local de l'Église épiscopale méthodiste africaine et, quelque temps plus tard, j'ai été ordonné diacre à Newport, RI.

Peu de temps après mon ordination, j'ai été envoyé à Salem, Massachusetts, où je suis resté, exerçant un travail religieux parmi mon peuple, essayant, à ma manière faible, de prêcher cet évangile que notre bienheureux Sauveur destinait à la rédemption de toute l'humanité, lorsque il a proclamé : « Allez dans le monde entier et prêchez l'Évangile. » Entre-temps, j'ai porté des coups constants pour améliorer mon éducation et me préparer à un travail parmi mes frères les plus malheureux du Sud.

Je dois dire que j'ai été entouré de nombreux bons amis, y compris du clergé, depuis que je suis à Salem, dont l'aide m'a permis de servir pendant une courte période à l'école Wesleyenne de Wilbraham, Massachusetts, ainsi que de commencer un cours de études de théologie au collège de Talladega en Alabama, que je m'efforce de compléter par la vente de cette publication.

CHAPITRE II.
DES CROQUIS.

LA VENTE DE MES DEUX SŒURS.

J'ai déclaré que mon père avait quinze enfants : quatre garçons et trois filles de sa première femme, et six garçons et deux filles de sa seconde. Leurs noms sont les suivants : Toney, Azerine , Duke et Dezine , des filles, Violet, Priscilla et Lydia ; ceux de la seconde épouse comme suit : Footy, Embrus , Caleb, Mitchell, Cuffee et Jacob, qui est l'auteur, et les filles, Catherine et Retta .

Comme je l'ai dit, le vieux colonel Dick Singleton avait deux fils et deux filles, et chacun possédait une plantation. Leurs noms étaient John, Matt, Marianna et Angelico. Ils étaient très bien ensemble, de sorte que si l'un d'entre eux avait besoin de l'aide d'un nègre provenant de la plantation d'un autre, il ou elle pouvait l'obtenir, surtout au moment de la cueillette du coton.

John Singleton avait une maison à environ vingt milles de chez son maître , et celui-ci lui envoyait des esclaves pour cueillir du coton. À un moment donné, mon maître, le colonel MR Singleton, a envoyé mes deux sœurs, Violet et Priscilla, chez son frère John, et pendant qu'elles étaient là, elles ont épousé deux des hommes de chez lui. D'un commun accord, le maître les autorisa à rester chez son frère. Mais quelque temps après, John Singleton fit détruire une partie de ses propriétés par l'eau, comme c'est souvent le cas dans le Sud lors des crues crues de mai, ce qu'on appelle dans le Nord les marées hautes.

L'une de ces crues a emporté les maisons d'esclaves de John Singleton, ses granges, avec ses chevaux, ses mulets et ses vaches. Ceux-ci causèrent sa mort par un cœur brisé, et comme il devait beaucoup d'argent, ses esclaves durent être vendus. Un M. Manning en a acheté une partie et Charles Login le reste. Ces deux hommes étaient connus comme les plus grands marchands d'esclaves du Sud. Mes sœurs faisaient partie du nombre acheté par M. Manning.

Il devait les emmener dans l'État de Louisiane pour les vendre, mais certains hommes ne voulaient pas l'accompagner et il les a mis en prison jusqu'à ce qu'il soit prêt à partir. Les maris de mes sœurs faisaient partie des prisonniers de la prison de Sumterville , située à environ vingt-cinq ou trente milles de l'autre côté de la rivière, de la maison du maître. Ceux qui ne manifestaient aucune réticence à y aller ont été autorisés à rendre visite à leurs parents et amis pour la dernière fois. Alors mes sœurs, avec le reste de leurs malheureuses compagnes, sont venues chez le maître nous rendre visite. Quand le jour est venu pour eux de partir, certains, qui semblaient d'abord disposés à partir, ont refusé et ont été menottés ensemble et gardés sur le chemin vers les voitures par des hommes blancs. Les femmes et les enfants étaient conduits en foule au dépôt, comme autant de bétail, et leur vue provoqua une grande émotion parmi les nègres du maître . Imaginez une masse de gens sans instruction versant des larmes et criant à pleine voix d'angoisse.

Les victimes devaient prendre les voitures à une station appelée Clarkson Turnout, située à environ six kilomètres de chez le maître. L'excitation était telle que le surveillant et le chauffeur ne purent contrôler les parents et amis de ceux qui partaient, car une grande foule de vieux et de jeunes descendait au dépôt pour les accompagner. La Louisiane était considérée par les esclaves comme un lieu de massacre, donc ceux qui s'y rendaient ne s'attendaient pas à revoir leurs amis. En passant, de nombreux nègres quittèrent les champs de leurs maîtres et nous rejoignirent alors que nous marchions vers les voitures ; certains criaient et se tordaient les mains, tandis que d'autres chantaient de petits hymnes auxquels ils étaient habitués pour consoler ceux qui s'en allaient, comme celui-ci :

"Quand nous nous rencontrons tous au ciel,
il n'y a plus de séparation ;
quand nous nous rencontrons tous au ciel, il n'y a plus de séparation."

Nous sommes arrivés au dépôt et avons dû attendre que les voitures amènent les autres de la prison de Sumterville , mais ils sont vite apparus, et lorsque le bruit des voitures s'est calmé, nous avons entendu des gémissements et des cris de ceux qui étaient à bord des voitures. Pendant que certains pleuraient, d'autres jouaient du violon, jouaient du banjo et dansaient comme ils le faisaient autrefois dans leurs cabanes dans les plantations. Ceux qui étaient si joyeux avaient de très mauvais maîtres, et même s'ils risquaient d'être vendus à un aussi mauvais, voire pire, ils étaient néanmoins heureux de se débarrasser de celui qu'ils connaissaient.

Pendant que les wagons étaient au dépôt, une grande foule de Blancs se rassemblait, riant et parlant de la perspective du trafic de Noirs ; mais lorsque les wagons commencèrent à démarrer et que le conducteur cria : « Tous ceux qui montent dans ce train doivent monter à bord sans délai », les gens de couleur crièrent d'une seule voix, comme si le ciel et la terre se rapprochaient, et cela C'était si pitoyable que ces hommes blancs au cœur dur, habitués toute leur vie à conduire des esclaves, versaient des larmes comme des enfants. Alors que les voitures s'éloignaient, nous entendions les pleurs et les lamentations des esclaves aussi loin que la voix humaine pouvait être entendue ; et depuis ce temps jusqu'à présent, je n'ai ni vu ni entendu parler de mes deux sœurs, ni d'aucun de ceux qui ont quitté le dépôt de Clarkson en ce jour mémorable.

LA FAÇON DONT VIVAIENT LES ESCLAVES.

La plupart des cabanes du temps de l'esclavage étaient construites de manière à contenir deux familles ; certains avaient des cloisons, d'autres n'en avaient pas. Lorsqu'il n'y avait pas de cloisons, chaque famille aménageait sa part comme elle le pouvait ; parfois ils récupéraient de vieilles planches et les clouaient en bouchant les fissures avec des chiffons ; Quand ils ne pouvaient pas se procurer de planches, ils accrochaient leurs vieux vêtements. Lorsque la famille s'agrandissait, les enfants dormaient tous ensemble, garçons et filles, jusqu'à ce que l'un d'entre eux se marie ; puis une partie d'une autre cabane était assignée à celle-là, mais le reste devait rester avec leur mère et leur père, comme dans l'enfance, à moins qu'ils ne puissent vivre avec certains de leurs parents ou amis qui avaient de petites familles, ou à moins qu'ils ne soient vendus ; mais bien sûr, les règles de la modestie étaient appliquées à un certain degré par les esclaves, alors qu'on ne pouvait pas s'attendre à ce qu'ils puissent en avoir le plus haut degré, en raison de leur condition. Une partie du temps, les jeunes hommes dormaient dans l'appartement appelé cuisine, et les jeunes femmes dormaient dans la chambre avec leur mère et leur père. Les deux familles devaient utiliser une seule cheminée. Celui qui était habitué à la façon dont vivaient les esclaves dans leurs cabanes pouvait dire dès qu'ils entraient s'ils étaient amis ou non, car lorsqu'ils ne s'entendaient pas, les feux des deux familles ne se rencontraient pas sur le foyer, mais là Il y avait une vacance entre eux, c'était un signe de désaccord. Dans un cas de ce genre, lorsque l'une des familles volait un porc, une vache ou un mouton au maître, celui-ci devait le porter à certains de ses amis, de peur d'être trahi par l'autre famille. Un jour, un homme qui vivait avec une personne hostile a volé un porc, l'a tué et a emporté une partie de la viande chez lui. Il a été vu par quelqu'un de l'autre famille, qui l'a dénoncé au surveillant, et celui-ci lui a donné un sévère coup de fouet. Quelque temps après, cet homme trahi crut pouvoir se venger de son ennemi ; ainsi, environ deux mois plus tard, il tua un autre porc et, après en avoir mangé une partie, se glissa dans l'appartement de l'autre famille et cacha une partie de la viande parmi les vieux vêtements. Puis il dit au surveillant qu'il avait vu l'homme sortir tard dans la nuit et qu'il n'était rentré que le lendemain matin ; Quand il était venu, il avait appelé sa femme à la fenêtre et elle avait pris quelque chose. Il ne savait pas ce que c'était, mais si le surveillant s'y rendait tout de suite, il le trouverait. Le surveillant est allé chercher et a trouvé la viande, alors l'homme a été fouetté. Il a dit au surveillant que l'autre homme l'avait mis dans son appartement pendant que la famille était absente, mais le surveillant lui a dit que chaque homme devait être responsable de son propre appartement.

Sans doute aimeriez-vous savoir comment les esclaves pouvaient dormir dans leurs cabanes en été, quand il faisait si chaud. Quand il faisait trop chaud pour qu'ils puissent dormir confortablement, ils dormaient tous sous les arbres jusqu'à ce qu'il fasse trop frais, c'est-à-dire au mois d'octobre. Puis ils prirent leur lit et marchèrent.

JOE ET LA DINDE.

Joe était un garçon qui était serveur chez son maître, un certain M. King, et lui et sa femme aimaient beaucoup la compagnie. Mme King mangeait toujours du poulet et de la dinde pour le dîner, mais à une époque, la compagnie était si nombreuse qu'elle ne laissait rien aux domestiques ; alors ce jour-là, constatant que tout avait été mangé, pendant que la maîtresse et le maître étaient occupés avec la compagnie, Joe tua une dinde, l'habilla et la mit dans la marmite, mais, comme il ne la coupa pas, les genoux de la dinde dépassèrent. du pot, et comme il ne pouvait pas les couvrir, il mit par-dessus une de ses chemises. Lorsque Mme King appelait Joe, il répondait, mais ne partait pas tout de suite comme il le faisait habituellement, et quand il partait, sa maîtresse lui demandait : « Joe, qu'avais-tu ? il a répondu: " Noffing , mademoiselle." Puis il est allé ouvrir la porte à l'entreprise. Peu de temps après, Joe était de retour dans la cuisine et Mme King descendit voir ce qu'il faisait ; voyant le pot, elle a dit : "Joe, qu'est-ce qu'il y a dans ce pot ?" dit-il, " noff , mademoiselle, mais ma chemise, je suis prêt à la laver." Elle ne l'a pas cru, alors elle a pris une fourchette et l'a mise dans la marmite, en retirant la chemise, et elle a trouvé la dinde. Elle lui demanda comment la dinde était entrée dans la marmite ; il a dit qu'il ne savait pas, mais il estimait que la dinde était entrée dedans, car les volailles aimaient beaucoup aller à la cuisine. Alors Joe a été fouetté parce qu'il avait laissé la dinde entrer dans la marmite.

LA COUTUME DE NOËL.

Les maîtres comme les esclaves considéraient Noël comme un grand jour. Lorsque les propriétaires d'esclaves avaient fait une grande récolte, ils étaient contents et donnaient aux esclaves cinq à six jours, ce qui était très apprécié des nègres , surtout de ceux qui savaient danser. Le matin de Noël était considéré comme sacré par les maîtres et les esclaves, mais l'après-midi ou une partie de la journée suivante, les esclaves devaient se consacrer au plaisir de leurs maîtres. Certains maîtres achetaient des cadeaux pour les esclaves, tels que des chapeaux et du tabac pour les hommes, des mouchoirs et des petites choses pour les femmes ; ces choses ont été données après qu'ils en aient été satisfaits ; après avoir dansé ou quelque chose pour leur amusement.

Lorsque les esclaves s'approchaient de leurs maîtres et maîtresses, ces derniers les souhaitaient la bienvenue, les hommes enlevaient leur chapeau et leur arc et les femmes faisaient une basse courtoisie. Il y avait deux ou trois grands seaux remplis d'eau sucrée, contenant chacun un gallon ou deux de whisky ; on leur distribuait cela jusqu'à ce qu'ils fussent en partie ivres ; Pendant ce temps, ceux qui parlaient très bien donnaient des marques de vœux à leur maître et à leur maîtresse, et certains qui étaient nés en Afrique chantaient certaines de leurs chansons ou racontaient différentes histoires sur les coutumes en Afrique. Ensuite, ils passaient une demi-journée à danser dans quelque grande maison de coton ou sur un échafaud, le maître fournissant des violoneux venus d'autres plantations s'il n'y en avait pas sur place, et qui recevaient à ces occasions de quinze à vingt dollars.

Un grand nombre de membres stricts de l'Église qui ne dansaient pas seraient forcés de le faire pour plaire à leurs maîtres ; les morceaux préférés étaient « The Fisher's Hornpipe », « The Devil's Dream » et « Black-eyed Susan ». Personne ne peut décrire l'émotion intense qui régnait dans l' âme des nègres lorsqu'ils essayaient de plaire à leurs maîtres et à leurs maîtresses.

Une fois la danse terminée, nous recevions nos cadeaux, le maître les donnant aux hommes et la maîtresse aux femmes ; puis les esclaves rentraient dans leurs quartiers et continuaient à danser le reste des cinq ou six jours, et parfois dansaient jusqu'à huit heures le dimanche matin. Les cabanes étaient pour la plupart faites de rondins, et elles présentaient de grandes fissures de sorte qu'une personne pouvait y voir la lumière à des kilomètres la nuit, et bien sûr, les rayons du soleil les traversaient pendant la journée, donc le dimanche matin, quand ils dansaient et ne voulaient pas s'arrêter, on les voyait boucher les fissures avec de vieux chiffons. L'idée était que ce ne serait pas un dimanche à l'intérieur s'ils gardaient le soleil à l'extérieur, et donc qu'ils ne profaneraient pas le sabbat ; et ces choses durent jusqu'à la liberté des esclaves.

Mes lecteurs aimeraient peut-être savoir si la plupart des nègres étaient enclins à violer le sabbat. Ils étaient; comme les maîtres leur faisaient faire des travaux inutiles, ils prirent l'habitude de considérer ce jour comme un jour de repos, et firent beaucoup de choses le dimanche qui ne seraient pas permises dans le Nord. A cette époque, si vous parcouriez le Sud à travers ces grandes plantations de coton et de riz, pendant que vous trouviez certains dansant le dimanche, d'autres seraient dans les bois et les champs à chasser des lapins et autres gibiers, et certains tueraient des cochons appartenant à leurs maîtres ou voisins. Je me souviens quand, petit garçon, je suis allé dans les bois un dimanche matin avec un de mes camarades noirs qui s'appelait Munson, mais nous l'appelions Pash , et nous avons tué l'un des cochons de notre maître, l'avons caché sous les feuilles jusqu'à la nuit, puis l'avons pris. à la maison et je l'ai habillé. C'est la seule fois où j'ai tué un cochon, mais j'ai connu des milliers de cas comme celui-ci à l'époque de l'esclavage. Mais grâce à Dieu, l'année du Jubilé est arrivée, et les nègres peuvent revenir de la danse, de la chasse et des porcheries du maître le dimanche et devenir des observateurs du sabbat, des bonnes mœurs et des hommes égaux en droits devant la loi.

PUNITIONS INFLIGÉES À DIFFÉRENTS.

Un de mes camarades nègres , qui appartenait au colonel MR Singleton, a visité la plantation de la sœur du colonel ; le surveillant de cette plantation avait interdit aux étrangers d'y aller, mais cet homme, dont le nom était Harry, y irait. Le surveillant a entendu parler de lui mais n'a pas pu l'attraper, mais le surveillant de la maison du maître l'a envoyé chez M. Jackson (le surveillant de la maison de la sœur du maître). M. Jackson l'a attaché et lui a donné trois cents coups de fouet, puis lui a dit : "Harry, si tu n'étais pas un si bon nègre, j'aurais dû te donner une correction de première classe, mais comme tu es un bon garçon et que je t'aime bien, si bien, j'ai pensé que j'allais te donner une légère flagellation maintenant ; tu dois être un bon nègre et bien te comporter, car si jamais je dois encore te saisir, je te donnerai une bonne flagellation. Lorsque M. Jackson l'avait relâché de l'endroit où il l'avait attaché, Harry était si épuisé qu'il est tombé, alors M. Jackson l'a renvoyé chez lui dans une charrette, et il a dû rester à la maison après le travail un mois ou deux, et a été plus jamais le même homme .

LA PUNITION ET LA VENTE DU LUNDI.

Il y avait un homme qui appartenait au maître du nom de Monday, qui était un bon ouvrier des champs ; en été, les tâches généralement accomplies par les esclaves dépassaient ce qu'ils pouvaient faire, et par conséquent ils étaient sévèrement fouettés, mais lundi n'attendait pas d'être fouetté, mais s'enfuyait avant que le surveillant ou le chauffeur puisse l'atteindre. Parfois, le maître engageait un homme blanc qui ne faisait rien d'autre que chasser les esclaves en fuite pour gagner sa vie ; cet homme emmenait avec lui quinze à vingt chiens pour chasser le lundi, mais souvent il restait dehors trois ou quatre mois ; lorsqu'il était attrapé et ramené à la maison, il était mis en prison et fouetté tous les jours pendant une semaine ou deux, mais dès qu'il le pouvait, il s'enfuyait à nouveau.

À un moment donné, alors qu'il avait été ramené à la maison, un de ses bras a été attaché et il a été confié à un gardien qui le faisait travailler avec les autres esclaves des jours et le mettait en détention la nuit, mais malgré tout cela, il s'est enfui. de son gardien et retourna dans les bois. La dernière fois qu'il s'est enfui, deux hommes blancs ont été engagés pour le traquer ; ils avaient environ vingt-cinq chiens de sang, mais cette fois lundi tomba sur un autre esclave qui s'était enfui de son maître et était dans les bois depuis sept ans, et ils furent capables ensemble de tuer une plus grande partie des chiens. Finalement, les hommes blancs attrapèrent son compagnon, mais ne l'attrapèrent pas lundi, bien qu'ils le poursuivirent encore deux ou trois jours, mais il revint lui-même à la maison ; ils ne l'ont pas fouetté et il est allé travailler dans les champs. Les choses se passèrent très bien pour lui pendant deux ou trois semaines, jusqu'au jour où on vit un homme blanc chevauchant à travers les champs avec le surveillant ; bien sûr, les esclaves ne se méfiaient pas de son objectif, car les hommes blancs visitaient souvent la plantation du maître, mais cette nuit-là, alors que tous les esclaves dormaient, l'homme qu'on voyait pendant la journée se dirigea vers la porte de la cabane de lundi et l'appela hors de sa maison. lit, et lorsqu'il arriva à sa porte, l'étranger, qu'il n'avait jamais vu auparavant, le menotta et lui dit : « Tu m'appartiens désormais ». La plupart des esclaves l'ont découvert, car lundi a été mis dans une charrette et transporté à travers les rues des quartiers nègres , et il y a eu toute une excitation, mais lundi n'a plus jamais été entendu.

L'HISTOIRE DE JAMES HAY.

Il y avait un esclave nommé James Hay, qui appartenait à un voisin du maître ; il a été puni à maintes reprises parce qu'il ne parvenait pas à accomplir sa tâche. Les autres esclaves le plaignaient car il semblait incapable d'accomplir sa tâche. Un soir, il fut sévèrement fouetté ; le lendemain matin, alors que les esclaves se faisaient assigner leurs tâches, une vieille dame du nom de tante Patience passa et dit : « Peu importe, Jim, mon fils, le Seigneur t'aidera dans ta tâche aujourd'hui ; il a répondu: "Oui, madame." Il commença son travail très fidèlement et continua jusqu'à ce qu'il soit à moitié terminé, puis il se coucha sous un arbre ; les autres, ne comprenant pas ses motivations, pensèrent qu'il était fatigué et qu'il se reposait, mais il ne reprit son travail que lorsque le surveillant l'appela et lui demanda pourquoi il ne faisait pas son travail plus près. Il a déclaré : « Tante Patience m'a dit ce matin que le Seigneur m'aiderait aujourd'hui, et j'ai pensé qu'en accomplissant la moitié de la tâche, le Seigneur aurait pu terminer l'autre moitié s'il avait eu l'intention de m'aider. Le surveillant dit : « Vous voyez que le Seigneur n'est pas venu pour vous aider et nous ne l'attendrons pas, mais nous vous aiderons » ; alors Jim a été sévèrement puni. Quelque temps après, Jim Hay fut sollicité par des professeurs de religion ; ils lui demandèrent s'il n'était pas fatigué de servir le diable, et lui dirent que le Seigneur était bon et qu'il avait aidé beaucoup de ses gens, qu'il aiderait tous ceux qui le lui demanderaient et qu'il les ramènerait ensuite au ciel. Jim a dit que si le Seigneur ne faisait pas un demi-acre de sa tâche pour lui lorsqu'il dépendait de lui, il ne pensait pas pouvoir lui faire confiance, et Jim n'est jamais devenu chrétien à ma connaissance.

L'HISTOIRE DE M. USOM ET JACK.

Un dimanche, alors que les garçons étaient chez le surveillant, chez M. Usom , comme nous y étions généralement, il dit à l'un d'entre eux : « Jack, ne penses-tu pas que l'enfer est un endroit très chaud, si c'est comme ils le décrivent ? Jack a dit: "Oui, massa ." M. Usom a dit : « Eh bien, comment pensez-vous que ce seront les pauvres gens qui doivent y aller ? » "Eh bien, Massa Bob, je vais vous dire ce que j'en pense , je pense que nous, les nègres, n'avons pas besoin de nous inquiéter de l'enfer, comme les Blancs." "Comment ça va, Jack ?" Jack répondit : « Parce que nous, les nègres, devons nous entraîner sous le soleil brûlant, et si nous allons en enfer, ce ne serait pas si grave pour nous parce que nous avions l'habitude de chauffer, mais ce serait mauvais pour les Blancs parce qu'ils n'y sont pas habitués. temps chaud."

L'HISTOIRE DE JAMES SWINE ET DE SA MORT.

Il y avait un nègre qui appartenait à un certain M. Clarkson ; il s'appelait Jim Swine ; son vrai nom était James, mais il s'appelait Jim Swine parce qu'il aimait la viande de porc et volait souvent des porcs à son maître ou aux voisins ; c'était un homme très valide, pesant environ deux cent vingt-cinq livres, et un très bon ouvrier de terrain. Bien entendu, il est généralement connu qu'un grand nombre d'esclaves étaient mal nourris. Il était donc naturel qu'ils prennent tout ce qu'ils pouvaient pour survivre. Comme son maître n'avait que quelques porcs, il en vola beaucoup aux voisins et fut puni à maintes reprises pour cela.

Parfois, il était puni lorsqu'un porc manquait, même si la viande n'était pas trouvée avec lui. Jim n'avait pas l'habitude de s'enfuir beaucoup, mais s'ils le fouettaient alors qu'il n'avait pas volé le porc qu'ils l'accusaient d'avoir pris, il s'en allait dans les bois et y restait jusqu'à ce qu'il soit prêt à rentrer à la maison. Il était si fort qu'ils avaient peur de lui ; trois ou quatre hommes ne l'attaqueraient pas dans les bois. La dernière fois que Jim a volé des porcs, il a été surpris en train d'en prendre un à mon maître, le colonel Singleton. Ils l'ont attaché et le surveillant de M. Clarkson a été appelé, qui était son propre fils, Thomas Clarkson. Jim a été ramené à la maison, fouetté, et un porc salé a été attaché autour de son cou ; il était alors obligé de travailler avec les autres esclaves pendant la journée et était mis en prison la nuit pendant deux semaines. Un matin, alors que le surveillant se rendait à son lieu de détention pour l'emmener aux champs, il le trouva mort, avec un gros morceau de viande pendu au cou. La nouvelle de sa mort se répandit bientôt, ainsi que la cause de celle-ci, et lorsque le vieux M. Clarkson l'apprit, il fut très en colère contre son fils Thomas, et sa punition fut qu'il fut chassé de sa plantation avec l'ordre de ne jamais revenir. , et qu'il ne devrait avoir aucun de ses biens. Cela parut beaucoup attrister Thomas, et il fit plusieurs tentatives pour regagner l'affection de son père, mais échoua. Finalement, une nuit, Thomas cria qu'il avait trouvé une perle de grand prix, que le Seigneur lui avait pardonné ses péchés et qu'il était en paix avec toute l'humanité. Quand son père eut vent de cela, il l'envoya chercher à la maison, et il lui donna une belle somme d'argent et lui légua la part de biens qu'il avait dit qu'il lui garderait. Mais le pauvre Jim n'était pas là pour lui pardonner.

UN HOMME PRIS POUR UN PORC.

Deux nègres allèrent voler des porcs à leurs maîtres. Les porcs étaient sous une grange, car dans le sud, les granges étaient suffisamment hautes pour que les porcs puissent se tenir dessous. L'homme qui passait sous la grange dit à l'autre : il faut frapper le porc qui va le plus lentement ; puis il s'agenouilla sous la grange pour les chasser pendant que l'autre se tenait debout avec son gourdin prêt à frapper, mais ils s'enfuirent si vite qu'il ne put les atteindre, sauf le dernier, comme il le pensait, qui arriva juste assez lentement, et il a frappé. Pendant que le prétendu porc donnait des coups de pied, il sauta dessus pour le poignarder avec son couteau mais découvrit que c'était son compagnon.

COUTUME DES SORCIÈRES PARMI LES ESCLAVES.

Les sorcières parmi les esclaves étaient censées être des personnes qui travaillaient avec eux tous les jours et étaient appelées vieilles sorcières ou lanternes jack. Ceux, hommes et femmes, qui, une fois devenus vieux, paraissaient vieux, étaient censés être des sorciers. Parfois, après avoir dîné, les nègres se rassemblaient dans les cabanes les uns des autres qui donnaient sur les grandes ouvertures de la plantation, et quand ils apercevaient une lumière à une grande distance et la voyaient ouverte et fermée, ils disaient : « Il y a une lumière ». vieille sorcière," et si cela venait d'une direction où vivaient celles qu'ils appelaient sorcières, on dirait: " Ça ressemble à la vieille tante Susan;" un autre disait : « Non, ça ressemble à un homme sorcière ; » encore un autre, "je pense ça ressemble à mon oncle Renty . »

Quand la lumière disparut, ils disaient que la sorcière était entrée dans la plantation et s'était transformée en personne et qu'elle s'était promenée sur place en parlant avec les gens comme les autres jusqu'à ce que ceux qu'elle voulait ensorceler se couchent, alors elle se transformerait. encore une fois à une sorcière. Ils affirmaient que les sorcières montaient les êtres humains comme des chevaux et que le crachat qui coulait sur le côté de la joue quand on dormait était la bride avec laquelle la sorcière montait. Parfois, un bébé était étouffé par sa mère et celle-ci le chargeait d'une sorcière. S'ils partaient à la chasse la nuit et se perdaient, on croyait qu'une sorcière les avait emmenés, surtout s'ils tombaient dans un étang ou un ruisseau. J'étais très préoccupé par les sorcières quand j'étais petit garçon et je le suis parfois maintenant, mais ce n'est que lorsque je mange un bon dîner et que je me couche immédiatement. Certains esclaves racontaient que les sorcières entraient parfois dans les pièces des cabanes et se cachaient jusqu'à ce que la famille se couche et donc lorsque quelqu'un prétendait qu'il était entré dans l'appartement avant l'heure du coucher et pensait avoir vu une sorcière, s'il avait une vieille Bible dans la cabane, elle serait emportée dans la pièce, et la personne qui portait la Bible dirait en entrant : « Au nom du Père, du Fils et du Saint- Gos. qu'est-ce que tu veux?" Ensuite, la Bible était placée dans le coin où la personne pensait avoir vu la sorcière, car on croyait généralement que si cela était fait, la sorcière ne pourrait pas rester. Lorsqu'ils ne pouvaient pas obtenir la Bible, ils utilisaient du poivre rouge et du sel pilés ensemble et dispersés dans la pièce, mais dans ce cas, ils en ressentaient généralement les effets plus que la sorcière, car lorsqu'ils se couchaient, cela les faisait tousser toute la nuit. Quand j'étais petit garçon, ma mère m'a envoyé dans la cabine pour quelque chose, et en entrant, j'ai vu quelque chose en noir et blanc, mais je ne me suis pas arrêté pour voir ce que c'était, et en courant, j'ai dit qu'il y avait une sorcière dans la pièce. . Mais mon père, étant né en Afrique, ne croyait pas à de telles choses, alors il m'a traité d'imbécile et m'a fouetté et la sorcière a eu peur et s'est enfuie par la porte. Il s'est avéré qu'il s'agissait de notre propre chat noir et blanc avec lequel nous, les enfants, jouions tous les jours. Même si c'était le chat et que mon père ne croyait pas aux sorcières, j'avais néanmoins l'idée que de telles choses existaient, car je pensais que la majorité des gens y croyaient et qu'ils devraient en savoir plus qu'un seul homme. Quelque temps après que j'étais libre, en voyageant de Columbia à Camden, une distance d'environ trente-deux milles, la nuit m'a surpris à mi-chemin ; il faisait très sombre et il pleuvait, et alors que j'approchais d'un ruisseau, je vis un grand nombre de lumières de ces sorcières s'ouvrir et se fermer. Je ne savais pas quoi faire et j'ai pensé à faire demi-tour, mais quand j'ai regardé derrière moi, j'ai vu des sorcières au loin, alors j'ai dit : « Si je fais demi-tour, elles me rencontreront et je courrai autant de danger que si je faisais demi-tour. continuez", et j'ai pensé à ce que certains de mes camarades noirs avaient dit à propos de leurs hommes menant dans les étangs et les ruisseaux. Il y avait une crique juste devant, alors j'en ai conclu que je devrais me noyer cette nuit-là ; cependant, j'ai continué, car je ne voyais aucune possibilité de revenir en arrière. Quand je suis arrivé près du ruisseau, une des sorcières m'a volé au visage. J'ai bondi en arrière et je l'ai saisi, mais il s'est avéré que c'était un de ces insectes éclair, et j'ai pensé que si toutes les sorcières étaient comme celle-là, je ne courrais pas de grand danger à cause d'elles.

LA MORT DE CYRUS ET STEPNEY .

Le vieux colonel Dick Singleton possédait plusieurs postes d'État, comme je l'ai mentionné. Dans le Sud, les hommes riches qui avaient beaucoup d'argent achetaient toutes les plantations qu'ils pouvaient obtenir et les obtenaient à très bas prix. Le colonel disposait d'une dizaine ou d'une vingtaine de places et faisait installer des esclaves sur chacune d'elles.

Il avait quatre enfants, et après que chacun eut reçu une plantation, les autres étaient appelés lieux d'État, et ceux-ci ne pouvaient être vendus que lorsque tous les petits-enfants étaient devenus majeurs ; une fois qu'ils avaient tous reçu une place, le reste pouvait être vendu.

L'un des endroits s'appelait Biglake . Les esclaves de ces lieux étaient traités plus cruellement que ceux où vivait le propriétaire, car les surveillants avaient toute l'autorité.

Un jour, le surveillant de Biglake punit les esclaves au point que certains d'entre eux tombèrent épuisés. Lorsqu'il s'approcha des deux hommes, Cyrus et Stepney , ils résistèrent, mais furent capturés de force et sévèrement punis. Quelques jours après, le contremaître mourut, et ces deux hommes furent arrêtés et pendus sur la plantation sans juge ni jury.

Après cela, un autre surveillant fut engagé, avec ordre de s'armer, et tout esclave qui ne se soumettrait pas à son châtiment devait être immédiatement fusillé. Parfois, lorsque le surveillant était en colère contre un homme, il le frappait à la tête avec un gourdin et le tuait sur le coup, et ils l'enterraient dans le champ. Certains s'enfuyaient et venaient voir MR Singleton, mon maître, mais il leur disait seulement de rentrer chez eux et de bien se comporter. Ensuite, ils ont été menottés ou enchaînés et ramenés à Biglake , et lorsque nous entendrions à nouveau parler d'eux, la plupart auraient été assassinés. Lorsqu'ils étaient emmenés chez leur maître, ils nous disaient au revoir et disaient qu'ils savaient qu'ils devraient être tués à leur retour chez eux.

Oh! qui peut peindre le sentiment de tristesse dans nos esprits lorsque nous avons vu ceux-ci, notre propre race, enchaînés et ramenés chez eux pour boire la coupe amère de la mort de leurs oppresseurs impitoyables, sans personne à proximité pour dire : « Épargnez-le, Dieu l'a créé. » ou pour dire : « Aie pitié de lui, car Jésus est mort pour lui ». Ses compagnons n'osaient gémir qu'à voix basse, de peur de partager le même sort ; mais merci de ce que la voix du Seigneur a été entendue dans le Nord, qui a dit : « Va vite vers le Sud et libère mon peuple emprisonné, car j'ai entendu leurs cris depuis les plantations de coton, de maïs et de riz, disant : comment bien avant que tu viennes nous délivrer de cette chaîne ? » et le Seigneur leur dit : « Attendez, je vous enverrai John Brown qui sera la clé de la porte de votre liberté, et j'endurcirai le cœur de Jefferson Davis, votre diable, afin que je puisse lui montrer, ainsi qu'à ses disciples, mon puissance ; alors je vous enverrai Abraham Lincoln, mon ange, qui vous conduira du pays de la servitude au pays de la liberté. » Nos pères sont tous morts dans « le désert », mais grâce à Dieu, les enfants ont atteint « la terre promise ».

LA FAÇON DONT LES ESCLAVES DÉTECTAIENT LES VOLEURS PARMI EUX.

Les esclaves disposaient de trois moyens pour détecter les voleurs : un avec une Bible, un avec un tamis et un autre avec de la poussière de cimetière. La première manière était la suivante : quatre hommes étaient sélectionnés, dont l'un avait une Bible à laquelle était attachée une ficelle, et chaque homme avait son propre rôle à jouer. Bien sûr, cela se faisait la nuit car c'était le seul moment où ils pouvaient s'occuper des affaires qui les concernaient eux-mêmes. Ces quatre-là commençaient par la première cabane avec chaque homme de la famille, et celui qui tenait la ficelle attachée à la Bible disait : « Jean ou Tom », quel que soit le nom de la personne, « vous êtes accusé d'avoir volé un poulet ou un s'habiller de Sam à un moment pareil », puis l'un des deux autres disait : « John a volé le poulet », et un autre disait : « John n'a pas volé le poulet ». Ils continuaient leurs affirmations pendant au moins cinq minutes, puis l'homme mettait un bâton dans la boucle de la ficelle qui était attachée à la Bible, et en la tenant aussi immobile qu'il le pouvait, on disait : « Bible, au nom du Père et du Fils et du Saint-Esprit, si Jean a volé ce poulet, retournez-vous", c'est-à-dire que si l'homme avait volé ce dont il était accusé, la Bible devait se retourner sur la ficelle, et ce serait une preuve qu'il l'a effectivement volé. Cela se répétait trois fois avant de quitter cette cabane, et cela prenait parfois un mois à ces hommes lorsque la plantation était très grande, c'est-à-dire s'ils ne trouvaient pas la bonne personne avant de parcourir tout l'endroit.

La deuxième manière dont ils disposaient pour détecter les voleurs ressemblait beaucoup à la première, sauf qu'ils utilisaient un tamis au lieu d'une Bible ; ils ont mis une paire de ciseaux dans le tamis avec une ficelle attachée et un bâton passé dans la boucle de la ficelle et les mêmes mots ont été utilisés que pour la Bible. Parfois, la Bible et le tamis se tournaient vers les noms de personnes dont le caractère était au-delà de tout soupçon. Lorsque c'était le cas, soit ils imputaient l'erreur aux hommes qui réparaient la Bible et le tamis, soit l'homme accusé par le retournement de la Bible et du tamis disait qu'il était passé près de la coopérative d'où la volaille était volée, alors ils disaient : "Frère John, nous voyons comment ça marche, tu passes devant le poulailler la nuit même où la poule est partie."

Mais lorsque la Bible ou le tamis tournaient autour du nom de quelqu'un qu'ils savaient souvent volé, et qu'il ne reconnaissait pas qu'il avait volé le poulet dont il était accusé, il devait reconnaître ses biens volés précédemment ou qu'il avait pensé de vol au moment où le poulet ou la robe a été volé. Ce comité d'examen justifierait alors de retourner la Bible ou de passer au crible la déclaration ci-dessus de l'accusé.

La troisième manière de détecter les voleurs était enseignée par les pères et les mères des esclaves. Ils disaient que peu importe à quel point un homme aurait pu être faux au cours de sa vie, lorsqu'il mourrait, il devait dire la vérité et reconnaître tout ce qu'il avait jamais fait, et peu importe ce que les vivants avaient à faire avec tout ce qui concernait les morts, il devait le faire. être vrai, sinon ils mourraient immédiatement et iraient en enfer pour brûler dans le feu et le soufre. En conséquence, la poussière du cimetière était la plus efficace des trois méthodes de détection des voleurs. La poussière serait retirée de la tombe de la personne décédée en dernier et mise dans une bouteille remplie d'eau. Ensuite, deux des hommes du comité d'examen utilisaient les mêmes mots que dans le cas de la Bible et du tamis : « Jean a volé ce poulet », « Jean n'a pas volé ce poulet », et cela a duré environ cinq minutes. minutes, puis l'un des deux autres qui s'occupaient de la Bible et du tamis disait : « John, tu es accusé d'avoir volé ce poulet qui a été pris dans le poulailler de Sam à un tel moment. "Au nom du Père et du Fils et du Saint-Esprit, si vous avez pris le poulet de Sam, ne buvez pas cette eau, car si vous le faites, vous mourrez et irez en enfer et serez brûlé dans le feu et le soufre, mais si vous Si vous ne l'avez pas, vous pouvez le prendre et cela ne vous fera pas de mal. Donc, si John avait pris le poulet, il en serait propriétaire plutôt que de prendre l'eau.

Parfois, ceux dont les caractères étaient au-delà de tout soupçon s'avéraient être des voleurs lorsqu'ils essayaient la poussière et l'eau du cimetière. Lorsque la bonne personne était détectée, s'il avait des poulets, il devait en donner quatre pour un, et s'il n'en avait pas, il rendait son service en promettant de ne plus en faire. Si tous les hommes de la plantation passaient l'examen et que personne n'était reconnu coupable, les biens volés seraient imputés à des étrangers. Bien entendu, ces coutumes étaient pratiquées par les nègres pour leur propre bénéfice, car ils ne considéraient pas comme du vol lorsqu'ils prenaient quoi que ce soit à leur maître.

JOSH ET LE MAÏS.

Un homme occupé à dépouiller le fourrage mettait quelques épis de maïs verts dans le feu pour les faire rôtir comme le font généralement les esclaves au moment du dépouillage du fourrage, bien qu'ils soient fouettés lorsqu'ils étaient attrapés. Avant que les oreilles ne soient suffisamment rôties, le surveillant s'est approché et Josh a retiré les oreilles avec des charbons ardents collés dessus et les a mises dans le sein de sa chemise. En s'enfuyant, ses vêtements ont pris feu et Josh a sauté dans un ruisseau pour l'éteindre. Le surveillant lui dit : « Josh, qu'est-ce que tu fais là ? Il a répondu: "Il fait si chaud aujourd'hui que j'ai appris que j'irais dans la crique pour me rafraîchir, monsieur." "Eh bien, tu t'es calmé, Josh ?" "Oh ! oui , monsieur, c'est beaucoup plus cool, monsieur."

Josh était un mangeur très copieux, de sorte que le pic de farine de maïs accordé aux esclaves pendant une semaine de ration ne lui durait que la moitié. Il avait l'habitude de trimballer de gros bâtons de bois sur ses épaules depuis les bois, qui étaient éloignés d'un mille à un mille et demi, d'abord à l'un puis à l'autre de ses camarades nègres, qui lui donnaient à manger ; et c'est ainsi qu'il préparait ses rations hebdomadaires.

Son habitude était d'apporter le bois la nuit, de le jeter à la porte de la cabane et, en entrant, un membre de la famille lui disait : « Eh bien, Josh, tu nous as apporté un morceau de bois. Il éclatait d'un de ses rires joyeux et répondait : « Oui ». Peu de temps après qu'ils lui aient donné quelque chose à manger, Josh leur souhaitait une bonne nuit, mais quand il partait, le bois disparaissait également. Il le jetait comme auparavant à la porte d'une autre cabine, entrait et prenait quelque chose à manger ; mais chaque fois qu'il partait, le bois manquait jusqu'à ce qu'il ait trouvé de quoi manger, puis il le laissait à la dernière cabane. Ceux à qui Josh avait apporté le bois accusaient les autres de l'avoir volé, et lorsqu'ils l'interrogeaient à ce sujet, il se contentait de rire et disait que le bois était à la porte quand il est sorti.

Josh a continué le tour pendant un bon moment. Finalement, un soir, il a apporté un morceau de bois et l'a jeté contre la porte d'une cabane, il est entré et a mangé quelque chose comme d'habitude. Mais comme il entrait, l'homme de la famille, à qui il avait apporté le bois, lui souhaita une bonne nuit et lui dit qu'il avait des affaires à régler qui le retiendraient si tard que Josh serait parti avant son retour. Pendant que Josh était occupé à rire et à parler avec le reste de la famille, l'homme sortit et se cacha dans le coin de la cheminée d'une autre cabane. Peu de temps après avoir pris position, Josh souhaita bonne nuit à la famille et sortit en sifflotant. , et épaula le bois, mais alors qu'il partait, le gardien s'écria : « Est-ce toi, Josh ? Josh jeta le bois et répondit : "Oh non, ce n'est pas moi." Bien sûr, Josh était si drôle qu'on ne pouvait pas se mettre en colère contre lui s'il le voulait ; mais le reste des esclaves ont découvert par la suite que le bois que Josh leur avait apporté manquait.

Mais le pauvre Josh est finalement mort, loin de chez lui ; il fut envoyé avec certains des autres nègres de la plantation de Mme MR Singleton à Columbia, en 1864, pour construire des fortifications comme défense , sous le commandement du général Wade Hampton contre le général Sherman, et alors qu'il y tomba malade et mourut, sous le joug de l'esclavage, ayant entendu parler de liberté mais ne vivant pas pour en jouir.

ESCLAVES EN FUITE.

Mes lecteurs ont sans doute déjà entendu dire qu'il y avait des hommes dans le Sud qui se faisaient un devoir, à l'époque de l'esclavage, d'élever et de dresser des chiens spécialement pour chasser les esclaves. La plupart des propriétaires engageaient ces hommes à condition qu'ils capturent et ramènent leurs esclaves en fuite, sans être meurtris ou déchirés par les chiens. Les sommes moyennes versées aux chasseurs étaient de dix, quinze et vingt-cinq dollars pour la capture d'un esclave ; très souvent, ces sommes étaient prélevées sur le salaire du contremaître, car elles étaient plus ou moins à l'origine de fuites d'esclaves.

Mes lecteurs veulent savoir si les esclaves en fuite sont jamais revenus chez les surveillants et leurs maîtres sans être attrapés par les chasseurs. Parfois ils le faisaient et parfois ils ne revenaient jamais. Certains sont restés toute leur vie ; d'autres, qui seraient revenus, tombèrent malades et moururent dans les bois.

Mes lecteurs se demandent comment les esclaves de chez eux savaient que leurs camarades noirs , les fuyards, tombaient malades ou mouraient dans les bois. En général, quelqu'un dans la plantation d'où ils s'enfuyaient, ou des amis de confiance dans une autre plantation, communiquait avec eux, de sorte que si quelque chose leur arrivait, les esclaves de chez eux le sauraient grâce à de telles fêtes. Et parfois, les maîtres et les surveillants apprenaient leur mort, mais indirectement, car si l'on savait que quelqu'un dans la plantation avait affaire au fugitif, il était puni, même si l'information devait être reçue avec plaisir par le maître et surveillant.

Parfois, des groupes d'esclaves en fuite, de huit, dix et même vingt, appartenant à des propriétaires différents, se rassemblaient dans les bois, ce qui rendait très difficile et dangereuse pour les chasseurs d'esclaves la capture de ceux qu'ils étaient engagés pour chasser. Dans de tels cas, ces fuyards tuaient parfois à la fois des chasseurs et des chiens. Les forêts épaisses dans lesquelles ils vivaient ne pouvaient pas être fouillées à cheval, ni l'homme ni le chien ne pouvaient y courir. Les seules chances qu'avaient les chasseurs d'attraper des esclaves en fuite étaient soit de les chasser de ces épaisses forêts, soit de les attaquer lorsqu'ils sortaient par l'ouverture pour chercher de la nourriture.

Bien entendu, les fugitifs étaient pour la plupart armés et, lorsqu'ils étaient attaqués dans les forêts, ils se battaient. Mes lecteurs se demandent comment avaient-ils obtenu des armes et quelles étaient ces armes, puisque les esclaves n'étaient pas autorisés à avoir des armes mortelles ? Certains faisaient fabriquer de grands couteaux par leurs camarades nègres qui étaient forgerons, d'autres volaient des fusils aux hommes blancs qui avaient l'habitude de les ranger négligemment lorsqu'ils partaient à la chasse. Les fugitifs qui volaient les fusils étaient gardés en poudre et abattus par certains des autres esclaves de la maison, qui les achetaient à de pauvres hommes blancs qui tenaient de petits magasins de campagne dans les différentes régions du Sud.

Les esclaves en fuite avaient généralement des pères, des frères, des cousins ou des amis de confiance qui les rencontraient à certains endroits désignés et leur apportaient les choses dont ils avaient besoin. Tout ce qu'ils voulaient de leurs compatriotes noirs à la maison, c'était du sel et un peu de farine de maïs ; car ils vivaient principalement de viande de bœuf et de porc, provenant soit de leurs propres maîtres, soit du cheptel de quelqu'un d'autre.

Mes lecteurs demandent : certains esclaves de chez nous n'ont-ils pas trahi leurs camarades noirs , les fugitifs, au profit de l'homme blanc ? Je réponds qu'ils l'ont fait ; mais souvent, ceux-ci étaient bien repérés, et si les esclaves en fuite avaient l'occasion de les atteindre alors qu'ils étaient dans les bois, ils les assailliraient ou les tueraient. Au contraire, lorsqu'ils rencontraient ceux en qui ils pouvaient avoir confiance, au lieu de leur faire du mal, ils échangeaient avec eux de la viande de bœuf et de porc contre du pain, de la farine de maïs et du sel, dont ils avaient besoin dans les bois.

LES ESCLAVES EN FUITE DANS LA MAISON.

Au lieu d'aller dans les bois, des esclaves en fuite vivaient parfois pendant des mois aux alentours des maisons du surveillant et du maître. Un esclave, nommé Isom , s'est enfui de Thomas Clarkson, le fils de son maître, qui était le surveillant. M. Clarkson était convaincu, comme il l'a dit, que le fugitif inhabituel, qu'il pensait être dans les bois, ne pouvait pas rester longtemps loin de chez lui, mais constatant qu'il restait plus longtemps que prévu, M. Clarkson a engagé un chasseur d'esclaves avec ses chiens pour chasser. lui.

Le chasseur est arrivé tôt à la plantation et a pris le petit déjeuner avec M. Clarkson le jour où ils ont commencé à chasser l'esclave en fuite. Alors qu'il était assis au petit-déjeuner, M. Clarkson dit au chasseur : « Mon père a élevé ce garçon comme domestique et l'a caressé de telle sorte qu'il faut tout le sel du pays pour le guérir. Mon père avait trop de religion pour garder son des nègres hétérosexuels ; mais je n'y crois pas. Je pense qu'un nègre devrait être révisé de temps en temps pour le maintenir à sa place, et c'est justement la raison pour laquelle j'ai pris la direction de cette plantation. »

Le chasseur. "Eh bien, qu'est-ce qui a poussé votre garçon à s'enfuir, M. Clarkson ?"

M. Clarkson. "Eh bien, il s'est enfui parce que je lui ai fait une révision, pour le garder à la place d'un nègre ."

La femme de M. Clarkson. "Eh bien, Thomas, je t'ai dit l'autre jour, avant que tu le fasses, que je ne voyais pas la nécessité que tu fouettes Isom , parce que je pensais que c'était un bon garçon."

M. Clarkson. "Oui, ma chère, si la Caroline du Sud avait beaucoup plus de presbytériens comme vous et le père Boston (il parlait du vieux M. Clarkson), dans peu de temps il n'y aurait plus d'esclaves dans l'État ; alors pour qui devriez-vous travailler ? " toi?"

Je souhaite énoncer un fait à mes lecteurs. Bien qu'il y ait des exceptions, en général, les presbytériens faisaient de meilleurs maîtres que n'importe quelle autre dénomination parmi les propriétaires d'esclaves du Sud.

Mme Clarkson. "Oui, Thomas, si vous étiez un presbytérien comme vous nous accusez de l'être, le père Boston et moi, vous auriez pu vous épargner la peine et l'argent qu'il en coûterait pour le chasser."

M. Clarkson. "Eh bien, nous ne discuterons plus de la question de la religion." (Au chasseur.) " Cela fait plusieurs jours que ce garçon est parti depuis que je l'ai fouetté. Je pensais qu'il serait rentré chez lui bien avant cette heure, car c'est la première fois qu'il s'enfuit ; mais je conclus plutôt qu'il a obtenu avec des fugueurs expérimentés. Maintenant, pensez-vous que vous pouvez le capturer sans qu'il soit blessé ou déchiré par vos chiens ? »

Mme Clarkson. "C'est exactement ce que j'ai peur qu'on fasse à ce garçon."

Le chasseur. " Oh ! n'ayez crainte de cela, madame, je ferai preuve de prudence en le traquant. Je n'ai qu'un chien qui est dangereux pour déchirer les nègres en fuite ; je l'enchaînerai ici jusqu'à ce que je capture votre garçon. "

Le chasseur sonna du cor qui rassembla ses chiens, enchaîna celui dont il parlait, puis lui et M. Clarkson se mirent à la poursuite de l'esclave en fuite, qui, caché dans la maison, avait entendu chaque mot qu'ils avaient dit à son sujet.

Après le départ du chasseur et de M. Clarkson, Mme Clarkson se rendit dans sa chambre (en général, les maîtresses du Sud ne savaient presque jamais ce qui se passait dans leur salle à manger et leur cuisine après les heures de repas), et Isom , l'esclave en fuite, s'assit. à la même table et a pris son petit déjeuner.

Après deux ou trois jours de vaines recherches dans les bois à la recherche de l'esclave en fuite, M. Clarkson demanda à certains des autres nègres de la plantation, s'ils le voyaient, de lui dire que s'il revenait à la maison, il ne le fouetterait pas. Bien sûr, en général, lorsqu'ils restaient dans les bois jusqu'à ce qu'ils soient capturés, ils étaient fouettés, mais ils ne l'étaient pas lorsqu'ils rentraient eux-mêmes chez eux. Un matin, après plusieurs jours de recherches infructueuses dans les bois à la recherche de l'esclave en fuite par le surveillant et le chasseur, alors qu'ils étaient au petit-déjeuner, Isom s'approcha de la porte. Dès que M. Clarkson a appris que l'esclave en fuite était à la porte, il s'est levé de son petit-déjeuner et est sorti.

"Eh bien, Isom ", a déclaré M. Clarkson. "Eh bien, Massa Thomas", dit Isom . "Où étais-tu?" dit M. Clarkson. "J'ai été dans les bois, monsieur", répondit Isom . Bien sûr, il n'aurait pas été bien de sa part de dire à M. Clarkson qu'il était caché et nourri directement dans la maison, car cela aurait rendu la situation difficile pour les autres nègres qui étaient des domestiques, parmi lesquels il avait un frère et une sœur. .

M. Clarkson. " Isom , as-tu eu des relations avec d'autres fugueurs ? " "Oui, monsieur", dit Isom . Bien sûr, la réponse d'Isom était conforme à la conviction de M. Clarkson selon laquelle il s'était mis en contact avec un fugitif expérimenté dans les bois. "Combien étaient avec vous ?" » a demandé M. Clarkson. "Deux", répondit Isom . "Comment s'appellent-ils et à qui appartiennent-ils ?" » a demandé M. Clarkson. "Je ne sais pas, monsieur", a déclaré Isom . "Tu n'as pas demandé leurs noms ?" dit M. Clarkson. "Non, monsieur", dit Isom . "Pouvez-vous les décrire ?" » a demandé M. Clarkson. "L'un est grand, comme toi, et l'autre était petit comme l'homme qui me poursuivait", a expliqué Isom . "Où as-tu vu le chasseur ?" » a demandé M. Clarkson. "Dans les bois, monsieur", dit Isom . " Isom , tu veux manger quelque chose ? " » a demandé M. Clarkson. "Oui, monsieur", dit Isom . Il l'envoya à la cuisine et dit au cuisinier de lui donner à manger.

Mme Clarkson tenait beaucoup à Isom , alors pendant qu'il était en train de manger dans la cuisine, elle entra et eut une longue conversation avec lui sur la façon dont il s'entendait depuis qu'il était absent, comme ils le supposaient.

Comme je l'ai dit, en général, lorsque les esclaves en fuite revenaient eux-mêmes chez eux, ils n'étaient pas fouettés, mais ils étaient soit menottés, soit mis en cage et enfermés pendant deux ou trois jours.

Pendant qu'Isom mangeait et discutait avec Mme Clarkson, M. Clarkson est apparu à la porte de la cuisine avec un pistolet dans une main et des menottes dans l'autre. Mme Clarkson a dit : « Qu'allez-vous faire, Thomas ? "Je veux Isom dès qu'il a fini de manger", a déclaré M. Clarkson. "Tu ne vas pas l'enfermer, n'est-ce pas Thomas ?" dit Mme Clarkson. Le nom de Mme Clarkson était Henrietta, mais son prénom était Henie. » a déclaré M. Clarkson. "Henie, je ne ferai pas de mal à Isom ."

Isom , qui avait un visage lisse, noir et rond, des yeux pleins, des dents blanches, était un très beau nègre . Lorsqu'il vit le pistolet et les menottes dans les mains de M. Clarkson, ses grands yeux étaient si grands qu'on pouvait y voir le blanc, comme de grands draps.

Mme Clarkson a dit : « Thomas, s'il vous plaît, n'enfermez pas Isom ; il ne s'enfuira plus. Vous ne le ferez pas, n'est-ce pas, Isom ? "Non, maman Massie Henie, je ne le ferai pas", a déclaré Isom . "Oui, Henie", a déclaré M. Clarkson, "il le dit, mais ne le fera-t-il pas ?" "Thomas", a déclaré Mme Clarkson, "j'en assumerai la responsabilité si vous faites ce que je vous demande ; je garderai Isom dans la maison et je vous assurerai qu'il ne s'enfuira pas."

M. Clarkson voulait vraiment enfermer Isom , mais il savait à quel point sa femme avait une forte volonté et combien il serait difficile de la redresser lorsqu'elle avait tort, c'est pourquoi il a accédé à sa demande. Isom a donc travaillé longtemps à la maison. Le chasseur devait se reposer quelques jours, puis reprendre son travail, mais M. Clarkson lui écrivit que ses services ne seraient plus nécessaires, puisque l'esclave en fuite qu'il était employé à chasser était revenu lui-même. Je n'ai jamais su si le chasseur était payé pour ce qu'il avait fait.

M. BLACK, LE CHASSEUR D'ESCLAVES.

Il y avait un homme blanc dans le comté de Richland, en Caroline du Sud, nommé M. Black, qui gagnait sa vie en chassant les esclaves en fuite. Je le connaissais aussi bien qu'un de mes camarades noirs de la plantation du colonel Singleton. Il était de teint foncé, de petite taille, de constitution simple, avec de longs cheveux noirs de jais et grossiers. Il portait la description de ce que certains appelleraient un homme bon, mais il était tout le contraire ; c'était l'un des hommes les plus sans cœur que j'aie jamais vu.

M. Black était un chasseur très prospère, même si parfois tous ses limiers étaient tués par des esclaves en fuite, et il s'en sortait de justesse. Il montait à la chasse une petite jument baie, qui était le seul cheval qu'il possédait. C'était une créature mince, aux os bruts et qui avait l'air de pouvoir à peine marcher, mais elle connaissait le métier aussi bien que son maître ; et dans les ennuis mentionnés ci-dessus, elle le transportait assez rapidement hors de danger. M. Black a attrapé plusieurs esclaves en fuite appartenant au colonel Singleton.

Je l'ai vu chasser des esclaves en fuite hors de la forêt, à travers la plantation du colonel, à travers une foule d'autres nègres , et ses chiens ne prendraient jamais aucun parmi la foule pour ceux qu'ils recherchaient. Lorsque ces chiens de chasse poursuivaient ainsi les fuyards à travers les fermes, beaucoup d'entre eux étaient tués et enterrés dans le champ de coton ou de maïs par certains parmi la foule de nègres qu'ils traversaient. En général, les esclaves détestaient les limiers et les tuaient chaque fois qu'ils en avaient l'occasion, mais surtout dans les occasions mentionnées ci-dessus, pour les empêcher de capturer les fuyards.

Un jour, huit esclaves se sont enfuis de la plantation du colonel Singleton et M. Black, accompagné de vingt-cinq chiens de chasse, a été engagé pour les traquer. Les chiens ont suivi les fuyards en fin d'après-midi et les ont poursuivis toute la nuit, période pendant laquelle ils se sont dispersés. Le lendemain matin, trois des fuyards furent pourchassés parmi une foule de leurs camarades noirs qui travaillaient dans les champs de coton. Tandis qu'ils poursuivaient les fuyards, quelques-uns parmi la foule tuèrent six des chiens, y compris les deux premiers, et les enterrèrent dans les lits ou rangées de coton, comme nous les appelions.

M. Black, le chasseur, bien qu'à un mille ou plus de là, savait que quelque chose s'était passé à cause des aboiements irréguliers des autres chiens, et aussi parce qu'il n'entendait pas les cris des deux chiens de tête. Il sonna donc du cor, appela le reste de ses chiens et abandonna la chasse jusqu'à ce qu'il ait remplacé ses chiens de tête par d'autres qu'il avait toujours sous la main à la maison.

Les chasseurs d'esclaves avaient généralement un ou deux chiens de chasse parmi la meute, appelés trailers ou leaders, que les autres, cinquante ou plus, étaient entraînés à suivre. Ainsi, si quelque chose arrivait aux leaders pendant une poursuite, les autres deviendraient confus et ne pourraient pas suivre le fugitif. Mais si les chefs étaient blessés ou tués après la capture des fuyards, les autres les encerclaient et les gardaient jusqu'à ce que le chasseur les atteigne, car il était toujours à un kilomètre ou plus derrière.

Après que les chiens de tête eurent été remplacés, M. Black reprit la poursuite et rattrapa quelques-uns des fuyards, mais les autres revinrent eux-mêmes à la maison.

Le dernier esclave en fuite que M. Black a été embauché pour chasser appartenait au colonel MR Singleton et s'appelait Dick, mais au lieu de Dick, il a attrapé un esclave appartenant à un homme de Sumterville. comté , qui était dans les bois depuis sept ans. Cet esclave en fuite avait un autre nom chez lui, mais lorsqu'il était dans les bois, il avait pris le nom de Champion, pour avoir réussi à empêcher les chasseurs d'esclaves de le capturer jusqu'à ce moment-là.

M. Black, le chasseur, a poursuivi Dick et Champion pendant deux jours et deux nuits ; le matin avant la capture de ce dernier, ils traversèrent à la nage la Water- ree rivière . Après avoir traversé, ils ont été séparés ; les chiens suivirent Champion et le renversèrent ce matin-là vers onze heures. Champion avait une arme à feu et un pistolet ; Alors que le premier chien accourut et ouvrait la gueule pour le saisir, il déchargea le contenu du pistolet dans sa gueule et le tua sur le coup. Le reste des chiens ne s'emparèrent pas de lui, mais l'entourèrent et le retinrent à distance jusqu'à ce que le chasseur atteigne l'endroit.

Lorsque M. Black est arrivé à portée de feu, Champion l'a visé avec un pistolet à double canon chargé, mais les capuchons des deux canons se sont cassés à force d'être mouillés en courant à travers les buissons. M. Black avait aussi un fusil et un pistolet ; il a tenté de tirer sur le nègre , mais William Turner, le surveillant du colonel Singleton, qui a engagé M. Black pour chasser Dick, le fugitif de la plantation du colonel, ne l'a pas laissé faire. M. Black a alors tenté de frapper Champion avec la culasse de son arme, mais Champion lui a donné un coup de pied et, alors qu'il dégainait son couteau pour poignarder M. Black, M. Turner, le surveillant, l'a frappé à l'arrière de la tête avec le crosse d'un fouet chargé. Cela l'a stupéfié pendant quelques instants, et le temps qu'il ait repris ses esprits, ils l'avaient menotté.

Après que le nègre ait été menotté, M. Black a voulu le maltraiter parce qu'il avait tué le chien et a tenté de lui tirer dessus, mais M. Turner, le surveillant, ne l'a pas laissé faire. Champion fut emmené à la plantation du colonel Singleton, enfermé dans le donjon sous la maison du surveillant, et son maître fut informé de sa capture ; c'était un nègre mulâtre, et son maître, qui était son père, l'envoya chercher à la plantation du colonel Singleton ; mais je n'ai jamais su si M. Black, le chasseur, avait jamais été payé pour l'avoir capturé. Dick, le nègre en fuite de chez le colonel Singleton, revint lui-même chez lui quelque temps après que Champion, son compagnon, eut été capturé.

M. Black, le chasseur d'esclaves, était très pauvre et avait une famille nombreuse ; il avait une femme avec huit ou dix enfants sans défense, que je connaissais aussi bien que mes camarades noirs de la plantation du colonel. Mais aussi cruel que M. Black fût envers les esclaves en fuite, sa famille était presque entièrement soutenue par des nègres ; J'ai connu dans certains cas qu'ils volaient leurs maîtres pour aider cette famille. Les nègres étaient si gentils avec la famille de M. Black que sa femme se retourna contre lui pour sa cruauté envers les esclaves en fuite.

J'ai dit que certains des maîtres et des surveillants engageaient les chasseurs, à condition qu'ils capturent et ramènent les esclaves en fuite, intacts et non déchirés par leurs chiens ; tandis que d'autres, dans un accès de passion folle, leur disaient : « Je veux que vous rameniez à la maison mon nègre en fuite, mort ou vif.

Tous les chasseurs d'esclaves pratiquaient la cruauté envers les esclaves en fuite ; plus particulièrement contre ceux dont les maîtres disaient aux chasseurs « amenez-les morts ou vifs ». Mais parmi tous les chasseurs d'esclaves de la région de Caroline du Sud où vivait l'auteur de cet ouvrage, M. Black était le plus cruel .

La rumeur courait que de nombreux esclaves en fuite, dont on n'avait plus jamais entendu parler par la suite, avaient été capturés et tués dans les bois par M. Black, mais aucun indice particulier n'a pu être trouvé. Finalement, M. Black fut embauché pour capturer un esclave en fuite dans le comté de Barnwell, Caroline du Sud. Cet esclave était avec un autre, qui était bien estimé par son maître, mais détesté par le surveillant. Dans la poursuite, les deux fuyards se sont séparés et les chiens ont suivi le second au lieu de celui pour lequel M. Black avait été engagé pour chasser. M. Black était accompagné d'un autre chasseur du nom de Motley. Le nègre a tué plusieurs chiens et a livré un dur combat à MM. Black et Motley. Après que le nègre eut été capturé, ils le tuèrent, le dépecèrent et donnèrent sa dépouille aux chiens vivants.

Le compagnon de l'esclave assassiné n'a pas été rattrapé. Quelques jours après la chasse, alors qu'il se promenait dans le bois dans un état d'excitation quelque peu excité, il arriva à un endroit où les buissons et les feuilles semblaient avoir été remués, comme s'il y avait eu une lutte entre deux groupes. En fouillant autour de lui dans ce désordre, il trouva çà et là des vêtements en lambeaux, ressemblant exactement au costume que portait son compagnon, alors victime d'une mort des plus cruelles de la part des chasseurs. En y regardant de plus près, il vit des taches de sang çà et là sur les feuilles, ce qui éveilla ses soupçons ; en regardant à quelque distance de cet endroit, il aperçut des feuilles qui semblaient avoir été déplacées par les mains et mises là, et en enlevant les feuilles, il constata que la terre avait été fraîchement creusée et remblayée. En creusant sur place, il découvrit bientôt des morceaux de la personne d'un mort, qu'il ne put identifier, mais fut convaincu qu'il s'agissait des restes de son compagnon, dont il avait été obligé de se séparer quelques jours auparavant. Cette vue effraya tellement le nègre en fuite qu'il quitta les bois, rentra chez son maître et raconta l'histoire ; mais comme la parole d'un nègre ne devait pas être prise en compte contre celle d'un homme blanc à l'époque de l'esclavage, on ne prêta aucune attention particulière à ce qu'il avait dit. Pourtant, certains Blancs surveillaient secrètement M. Black, le chasseur d'esclaves, car il avait été soupçonné auparavant d'avoir tué des esclaves en fuite dans les bois.

Le maître du nègre assassiné ignorait encore sa mort ; il espérait que son esclave reviendrait. Mais constatant que son esclave ne revenait pas comme prévu, le maître s'inquiéta et offrit une récompense à quiconque pourrait donner une idée de son nègre . Entre-temps, il renvoya le surveillant qui avait été la cause de la fuite de son esclave ; et il conservait également le salaire du surveillant de quatre cents dollars, qui était le salaire annuel pour surveiller sa plantation.

La maison de M. Black se trouvait dans le comté de Richland et, comme il était le dernier à avoir chassé des esclaves en fuite dans le comté de Barnwell avant le meurtre, les soupçons reposaient sur lui. Personne ne lui disait toujours rien, mais il était surveillé de très près par des hommes de son propre comté, dont l'intérêt n'était pas dans la haine du crime commis, mais plutôt dans la récompense offerte par le maître à quiconque pourrait donner des informations sur son crime. esclave en fuite.

Quelque temps après que l'affaire se soit produite, un autre homme blanc du comté de Richland est devenu un ami de M. Black, le chasseur d'esclaves ; cette apparente amitié amena bientôt M. Black à révéler le secret, ce qui le conduisit rapidement à un procès. Pendant que lui et son prétendu ami buvaient, au milieu de la fête, la conversation portait bien sûr sur la manière de contrôler les nègres, car c'était le principal sujet des pauvres hommes blancs du Sud, à l'époque de l'esclavage.

Au cours de la conversation, cet ami a parlé de plusieurs projets qui, selon lui, s'ils étaient correctement exécutés, « garderaient un nègre à sa place ». Après que l'ami eut tant dit à M. Black, le chasseur d'esclaves, ce dernier sentit qu'il pouvait révéler son secret sans se mettre en danger, alors il répondit : "La manière de montrer à un nègre qui résisterait à un homme blanc, sa place, est de le mettre parmi les disparus. Il n'y a pas longtemps, je suis allé dans le comté de Barnwell pour chasser un nègre en fuite, et mes chiens ont trouvé la trace d'un autre au lieu de celui que je voulais capturer. Après une assez longue poursuite, mes chiens l'ont renversé. et avant que je l'atteigne, il en tua plusieurs et me livra un dur combat quand je l'atteignis et moi étions ensemble. Je l'ai abattu, et Motley et moi l'avons découpé et avons donné les morceaux au reste de mes hommes. des chiens ; c'est comme ça que je remets un nègre à sa place. »

Une fois le secret révélé, l'ami de M. Black s'est excusé et celui-ci ne l'a plus revu jusqu'à ce qu'il comparaisse comme témoin contre lui. Le compagnon du nègre assassiné fut sommé de conduire les enquêteurs, y compris l'assassin, à l'endroit où son compagnon avait été enterré.

M. Black a été jugé et reconnu coupable. Après que la sentence ait été prononcée, il a avoué avoir commis ce crime et a également déclaré qu'il avait déjà tué plusieurs nègres en fuite dans son propre comté. Ainsi, M. Black et Motley, son compagnon, ont tous deux été pendus dans le comté de Barnwell , Caroline du Sud. Le système d'esclavage n'a survécu que six ans à M. Black, le chasseur d'esclaves.

MANNING BROWN ET TANTE BETTY.

Un homme du nom de Manning Brown était allaité par une vieille femme de couleur qu'il appelait maman Betty. Elle était naturellement de bonne humeur et une fervente chrétienne, et M. Brown a acquis beaucoup de ses qualités lorsqu'il était sous son entière domination, époque à laquelle on disait de lui qu'il était un garçon doté d'un sens très fin et très prometteur. Mais à l'approche de l'âge adulte, M. Brown tomba parmi une classe d'autres hommes blancs qui, à l'époque de l'esclavage, étaient débridés dans leurs habitudes. Avec cette classe d'hommes, il commença à boire et, petit à petit, dans ce pas rapide, il devint bientôt un ivrogne confirmé. Cette habitude dissimulait tellement la bonne influence qu'il avait acquise auprès de la femme de couleur, qu'elle le rendait dangereux non seulement pour ses ennemis, mais aussi pour ses amis.

Manning Brown était craint par la plupart des autres hommes blancs du comté de Richland , en Caroline du Sud, et, chose étrange, même s'il était dangereux pour les hommes blancs, il n'a jamais perdu le respect qu'il avait pour les gens de couleur dans son enfance. Il mangeait, buvait et dormait parmi les gens de couleur une fois devenu adulte, et dans de nombreux cas, lorsque d'autres hommes blancs, appelés patrouilles, attrapaient des gens de couleur loin de chez eux sans billet et étaient sur le point de les fouetter, M. Brown le faisait. montez à bord et dites : « Le premier homme qui lèvera un fouet sur un de ces nègres, je lui ferai sauter la cervelle. » Sachant qu'il tirerait sur un homme aussi vite qu'il tirerait sur un oiseau, même si dix patrouilles étaient ensemble, lorsque M. Brown faisait de telles menaces, elles n'essaieraient jamais de fouetter les nègres .

M. Brown possédait une plantation avec quarante esclaves ; ses bons traitements à leur égard lui permettaient d'en tirer plus de travail que la plupart des propriétaires n'en obtenaient de leurs esclaves. Ses esclaves tenaient tellement à leur « Massa Manning », comme ils l'appelaient, qu'ils faisaient tout ce qui était en leur pouvoir pour lui plaire. Mais s'il était si bon envers les gens de couleur, il était dangereux pour beaucoup de Blancs et craint par eux.

Un homme du nom de Peter Gafney s'est battu en duel avec son beau-frère, dont le nom était le Dr Kay ; le premier, qui était un bon tireur, fut tué par le second, qui passait pour un très pauvre. Cela a amené de nombreux partisans de M. Gafney à penser qu'il y avait eu un acte criminel de la part du Dr Ray, le candidat. M. Brown, qui a servi de second à M. Gafney dans le combat, a ressenti très profondément la perte de son vieil ami. Peu de temps après, il a lancé un défi au Dr Ray, déclarant : « Vous pouvez soit me rencontrer à un certain moment, à l'endroit où vous avez tué PT Gafney , pour un duel, soit je vous tirerai dessus à première vue partout où je serai. je vous rencontrerai. Le vôtre, M. Brown.

Mais le Dr Ray a refusé, face à la menace, d'accepter le défi. Connaissant le caractère de M. Brown, les habitants de ce comté étaient enflammés d'excitation, car le médecin risquait d'être tué à tout moment alors qu'il circulait sur la route. Craignant de rencontrer M. Brown, le médecin renonça à visiter la plupart de ses patients malades et se confina presque entièrement à sa grande plantation. Au même moment, M. Brown était étroitement surveillé par ses amis pour l'empêcher de harceler le médecin.

Peu de temps après cette menace, M. Brown a commencé à boire plus fort que jamais, de sorte que parfois il ne connaissait pas sa propre famille. Mais la providence de Dieu conduisait lentement M. Brown à travers des chemins inconnus vers un changement soudain de vie, comme nous le verrons bientôt.

La famille de M. Brown se composait d'une femme, d'un enfant et de tante Betty, la vieille femme de couleur qui l'avait élevé. Elle était la seule mère qu'il connaissait, car sa propre mère était morte alors qu'il était enfant, et sa dernière demande avait été que maman Betty, la vieille femme, élève ce garçon, qui était enfant unique ; et quand M. Brown s'est marié, il a emmené tante Betty dans sa famille et lui a dit qu'elle n'avait pas besoin de faire de travail, seulement ce qu'elle choisissait de faire, et qu'il prendrait soin d'elle pendant le reste de ses journées. Et Mme Brown considérait tante Betty plus comme une belle-mère que comme une négresse servante. Parfois, lorsque M. Brown n'écoutait pas sa femme, il l'écoutait auprès de sa maman Betty, lorsqu'il était suffisamment sobre pour la connaître. Un après-midi, alors que M. Brown était dans une de ces crises d'ivresse, il entra dans sa chambre et s'allongea en travers du lit, se parlant tout seul. Sa femme est entrée pour lui parler, mais alors qu'elle entrait, il s'est levé d'un bond, a pris son arme à double canon chargée et a menacé de lui tirer dessus. Effrayée, elle a couru hors de la pièce et a crié en disant: "Oh mon Dieu, maman Betty, s'il te plaît, entre et parle à ton Massa Manning, car il a menacé de me tirer dessus." Avec cette vieille confiance familière en quelqu'un qui avait souvent écouté ses conseils, tante Betty entra dans la maison et dans la chambre où elle trouva M. Brown allongé en travers du lit, avec le pistolet à ses côtés. En entrant dans la chambre, alors qu'elle s'avançait vers le lit, elle dit : « Massa Manning, qu'as-tu ? Espèce de vilain garçon, qu'as-tu ? En disant ces mots, avant qu'elle eût atteint le lit, M. Brown se leva, le fusil à la main, et déchargea le contenu des deux canons sur la vieille femme ; elle tomba instantanément au sol. M. Brown était allongé sur le lit comme auparavant, avec le pistolet à ses côtés, parlant tout seul, et s'endormit bientôt. Mme Brown s'est évanouie plusieurs fois sous l'excitation.

Tante Betty a vécu environ une heure. Peu de temps après avoir été abattue, elle voulait voir M. Brown, mais lorsqu'on lui a dit qu'elle ne pouvait pas, elle a dit : « Ô, mon Seigneur, je voulais voir mon enfant avant de mourir, et je sais qu'il voudrait le voir. sa maman Betty aussi, avant qu'elle ne le quitte. Durant sa vie, elle a prié pour M. Brown et lui a demandé de changer son cours de vie, de devenir chrétien et de la rencontrer au paradis. Après avoir chanté un de ses hymnes familiers, tante Betty dit à quelqu'un qui se tenait à son chevet : « Je veux que tu dises à Massa Manning qu'il ne doit pas se sentir mal pour ce qu'il m'a fait, car je sais que s'il était dans son bon esprit, il ne me ferait pas de mal pas plus qu'il ne le ferait lui-même. Dites-lui que j'ai prié le Seigneur pour lui afin qu'il soit un bon garçon, et je veux qu'il promette qu'il sera chrétien et qu'il me rencontrera au paradis. ". A ces mots, tante Betty resta sans voix et mourut quelques instants après. Le médecin fut appelé, mais il dut venir de si loin qu'elle mourut avant son arrivée.

Lorsque M. Brown se réveilla de son état d'ivresse pendant la nuit et apprit la triste nouvelle de la mort de tante Betty, dont il avait été la cause, il joignit les mains et s'écria : « Quoi ! est -il possible que ma maman Betty, la seule mère que j'ai jamais connue a été tuée par mes mains ? Il courut dans la pièce où se trouvait le cadavre, serra dans ses bras les restes de la vieille négresse et cria : « Maman Betty, maman Betty, s'il te plaît, parle-moi comme avant. Mais cette voix s'est tue dans la mort.

Le médecin, le surveillant et d'autres ont essayé de le calmer, mais ils n'y sont pas parvenus. Cette nuit-là, M. Brown a pris le train pour Columbia, la capitale de la Caroline du Sud, et s'est livré à la justice le lendemain. On lui a dit que tout allait bien ; que la vieille négresse était son esclave. Mais M. Brown n'était pas satisfait ; il rentra chez lui et invita tous les voisins blancs et esclaves aux funérailles de tante Betty, auxquelles lui et sa famille participèrent. Une fois l'excitation passée, le message de tante Betty fut remis à M. Brown ; on lui a dit que sa dernière demande avait été qu'il la rencontre au paradis. Il a répondu : « Je le ferai. » M. Brown a alors prêté serment de ne plus boire de boissons fortes. Il s'est ensuite débarrassé de ses esclaves, mais je n'ai pas su comment. Peu de temps après, il s'est converti et est devenu l'un des prédicateurs les plus compétents du comté de Richland , SC. La conversion de M. Brown a libéré le Dr Ray de sa menace. Le médecin en fut si heureux qu'il paya une somme assez importante pour le salaire de M. Brown pour la prédication.

CHAPITRE III.
MON EXPÉRIENCE DANS LA GUERRE CIVILE.

Ma connaissance de la guerre civile s'étend du moment où le premier coup de canon a été tiré sur Fort Sumter en avril 1861 jusqu'à la fin de la guerre.

Même si les esclaves n'étaient pas mis au service des Confédérés en tant que soldats, ils étaient néanmoins utilisés dans tous les États esclavagistes sur les points de guerre, non seulement pour construire des fortifications, mais aussi pour travailler sur les navires utilisés pendant la guerre.

Les esclaves étaient rassemblés dans chaque État, entre 6 000 et 8 000 ou plus, provenant de différentes plantations, transportés vers un centre et envoyés vers divers points de guerre de l'État.

Il serait impossible de décrire l'intense enthousiasme qui régnait parmi les confédérés dans leurs efforts unis pour lever des troupes pour affronter les forces de l'Union. Ils exprimaient haut et fort la certitude de la victoire.

Beaucoup d'hommes blancs pauvres furent encouragés par la promesse de trois à cinq nègres pour chaque homme qui servirait au service confédéré, lorsque le gouvernement confédéré aurait remporté la victoire.

D'un autre côté, les nègres étaient menacés d'un accroissement du joug exaspérant de l'esclavage. Ces menaces étaient formulées avec des expressions significatives et avec la plus forte hypothèse que le nègre était la cause directe de la guerre.

COMMENT LES ESCLAVES ÉTAIENT RASSEMBLÉS ET TRANSPORTÉS VERS LES POINTS DE GUERRE.

A peine la guerre avait-elle commencé, au printemps 1861, que les esclaves furent rassemblés dans les différentes plantations et expédiés par wagons de marchandises ou par bateaux vers un centre , puis répartis et envoyés travailler sur différents points de guerre. Je ne sais pas exactement combien d'esclaves le gouvernement confédéré exigeait que chaque maître fournisse pour son service, mais je sais que 15 des 465 esclaves de la plantation de mon maître, le colonel ME Singleton, étaient envoyés travailler sur les fortifications chaque année pendant la guerre. guerre.

La guerre durait depuis deux ans avant mon tour. Au cours de l'été 1863, avec des milliers d'autres nègres rassemblés dans les différentes parties de l'État, je fus transporté vers la ville de Charleston, en Caroline du Sud, et le groupe dans lequel je tombais fut envoyé à Sullivan's Island. Nous fûmes emmenés sur un bateau de la ville de Charleston et débarquâmes dans un petit village situé presque en face du fort Sumter, sur cette île. Laissant derrière nous Fort Moultrie, Fort Beauregard et plusieurs petites batteries, nous descendîmes la plage de sable blanc de l'île, au-dessous de Fort Marshall, jusqu'au point le plus extrême, où une petite crique d'eau sépare Sullivan de Long Island, et il re nous étions cantonnés sous les ordres du capitaine Charles Haskell.

De ce point de l'île, tournant nos faces vers le nord, avec l'île Morris au nord-ouest de nous, et regardant directement vers le nord dans le chenal, nous avons vu un certain nombre de canonnières de l'Union, comme un troupeau de moutons noirs se nourrissant d'une plaine d'herbe ; tandis que les hommes arpentant leurs ponts ressemblaient à de fidèles bergers surveillant le troupeau. Pendant que nous, les nègres, restions sur l'île Sullivan, nous observions chaque mouvement de la flotte de l'Union, avec le cœur heureux de penser qu'elle faisait partie des moyens par lesquels la liberté de quatre millions et demi d'esclaves devait être assurée conformément avec la proclamation d'émancipation faite en janvier précédent. Nous les surveillions de si près que quelqu'un parmi nous, que ce soit la nuit ou le jour, serait sûr d'assister au coup de feu de la canonnière avant que le bruit de la détonation ne soit entendu. Au cours de cet été, il n'y a eu aucun engagement entre la flotte de l'Union et les Confédérés à ce moment-là en Caroline du Sud. Les canonnières de l'Union, cependant, ont tiré occasionnellement des coups de feu au-dessus de nous, à six milles, dans la ville de Charleston. Ils ont également tiré quelques obus sur un marais entre Sullivan's Island et Mount Pleasant, mais sans nous faire de dégâts.

QUEL TRAVAIL LES NÈGRES FAISAIENT SUR L'ÎLE.

Après avoir atteint l'île, notre compagnie fut divisée. Une partie était cantonnée à une extrémité de l'île, autour de Fort Moultrie, et nous étions cantonnés à l'autre extrémité, à Fort Marshall. Notre travail consistait à réparer les forts, à construire des batteries, à monter des canons et à les arranger. Pendant que les hommes étaient occupés à ce travail, les garçons de mon âge, c'est-à-dire treize ans et certains plus âgés, servaient les officiers et transportaient de l'eau pour les hommes au travail, et servaient en général de messagers entre différents points de l'île.

FIANÇAILLES À LONG ISLAND.

Bien qu'il n'y ait eu aucun combat sur l'île de Sullivan pendant mon séjour là-bas, les soldats confédérés traversaient parfois la crique de Sullivan à Long Island, pendant la nuit et se livraient à des escarmouches avec les soldats de l'Union, qui étaient entrés dans l'extrémité supérieure de cette île et y avaient campé. Je ne sais jamais si ces éclaireurs confédérés réussirent ou non à mettre en déroute les forces de l'Union sur l'île, mais je sais qu'ils furent repoussés à plusieurs reprises avec des pertes considérables.

LES NÈGRES S'ÉCHAPPENT.

La façon dont les Confédérés ont appris que les soldats de l'Union étaient à Long Island était que le groupe de nègres qui nous précédaient sur Sullivan's Island avait découvert que les soldats de l'Union campaient dans la partie supérieure de Long Island. Ainsi, une nuit, un bon nombre d'entre eux se sont échappés en traversant à la nage la crique qui sépare Sullivan's Island et Long Island, et ont réussi à atteindre la ligne de l'Union.

Le lendemain, on découvrit qu'ils avaient traversé la crique à la nage et la nuit suivante, ils furent poursuivis par un certain nombre d'éclaireurs confédérés qui traversèrent sur un bateau plat. Au lieu de capturer les nègres , qui auraient été victimes de la mort la plus cruelle, les éclaireurs confédérés furent accueillis par des soldats de la ligne de l'Union, et après un combat acharné, ils furent repoussés, comme ils l'étaient habituellement.

CONSTRUIRE UNE BATTERIE À LONG ISLAND.

Finalement, les Confédérés emmenèrent un grand nombre du groupe dont j'étais membre de Sullivan jusqu'à la rive sud de Long Island et y construisirent une batterie et y montèrent plusieurs petits canons de campagne. Comme ils avaient peur d'être découverts pendant la journée, nous étions obligés de travailler sur la batterie la nuit et étions ramenés chez Sullivan le matin, jusqu'à ce que le travail soit terminé.

Nous étions gardés par des soldats confédérés pendant la construction de la batterie, car sans garde, il aurait été facile pour chacun d'entre nous d'atteindre la ligne de l'Union, à l'extrémité nord de Long Island. L'île de Sullivan mesurait environ cinq milles de long.

UN SERVITEUR NÈGRE ASSASSINÉ.

L'un des actes les plus cruels commis pendant que j'étais sur l'île de Sullivan fut celui du meurtre d'un garçon noir par son maître, un officier confédéré dont le garçon avait été le serviteur du corps. Je ne suis pas sûr du grade de cet officier, mais je pense qu'il était major et qu'il était originaire de l'État de Géorgie. Il était courant que les hommes du Sud portent des dagues, surtout pendant la guerre. Cet officier en avait un, et pour quelque chose qui lui déplaisait, il a sorti le couteau et lui a porté un coup fatal entre la clavicule et l'épaule gauche. Alors que la victime tombait aux pieds du maître brutal, nous, les nègres qui avions été témoins de l'acte diabolique et lâche commis contre un membre impuissant de notre race, nous attendions à une intervention immédiate de la main de la justice, sous une forme ou une autre. Mais nous avons regardé et attendu en vain, car cet acte horrible ne semblait pas avoir changé le moins du monde les manières de ceux qui détenaient l'autorité, mais ils l'ont plutôt traité avec sang-froid, comme si de rien n'était. Constatant que les Confédérés n'avaient pas réussi à imposer la justice à l'officier, nous, avec nos vagues idées de justice morale et notre extrême confiance que Dieu ferait d'une manière ou d'une autre plus pour les nègres opprimés qu'il ne le ferait habituellement pour tout autre peuple, anxieusement Nous avons attendu peu de temps un signe de vengeance divine, mais comme nous avons constaté qu'aucun signe de ce que nous désirions, dans le feu de notre passion, n'est venu, nous avons finalement décidé d'attendre la voie et le temps de Dieu, pour savoir comment et quand cela, comme tout autre acte répréhensible, doit être sanctionné par sa justice sans faille.

Mais en dehors de ce cas, nous nous en sortions mieux dans ces fortifications que chez nous dans les plantations. C'était le cas du moins pour ceux d'entre nous qui étaient sur l'île de Sullivan. Notre travail en général sur les fortifications n'était pas dur, nous avions beaucoup de temps libre, et même si nous savions que notre travail au service confédéré était contraire à notre liberté, nous étions néanmoins ravis d'être au service militaire.

Nous ressentions une fierté exaltée car, après avoir passé un peu de temps sur ces points de guerre, nous avions acquis des connaissances qui nous placeraient au-dessus de nos camarades noirs vivant dans les plantations, tandis qu'ils augmenteraient notre fierté en nous attribuant beaucoup plus de connaissances que il nous était possible d'avoir gagné.

Nos rations quotidiennes provenant de l'économat étaient d'un litre de riz ou de riz dur et d'une demi-livre de porc salé ou de maïs-bœuf.

Le changement des cabanes et du travail dans les anciennes plantations nous remplit tellement de joie que nous fûmes désolés à la fin des deux mois de notre séjour sur l'île.

Au bout d'environ deux mois, moi et le reste de mes camarades noirs de ce groupe, avons été renvoyés à la plantation, tandis que d'autres prenaient notre place.

MON EXPÉRIENCE À FORT SUMTER.

Au cours de l'été 1864, alors que j'avais quatorze ans, un autre appel fut lancé pour recruter des ouvriers noirs pour le gouvernement confédéré, et quinze de notre plantation, dont moi-même, ainsi que des milliers d'autres plantations, furent de nouveau envoyés à Charleston.

Là, les nègres étaient répartis en groupes pour être envoyés aux différentes fortifications. Mon sort tomba parmi le groupe de trois cent soixante personnes assignées à Fort Sumter. Je n'oublierai jamais avec quel soin ils ont dû nous transporter sur un bateau à vapeur du quai du gouvernement à Charleston au quai de l'île John, à cause du réseau de mines à torpilles dans le port de Charleston.

Du quai de l'île John, ils nous transportèrent dans des chaloupes jusqu'à Fort Sumter et, comme ces bateaux ne pouvaient pas en transporter beaucoup, il fallut toute la nuit pour nous transporter avec d'autres marchandises jusqu'à Fort Sumter.

Le bateau à vapeur qui nous transportait de Charleston au quai de John's Island devait circuler de nuit. En fait, tous les mouvements que les Confédérés faisaient à cet endroit vers la fin de la guerre devaient être effectués de nuit parce que les Yankees sur des canonnières à l'extérieur du chenal et ceux de l'île Morris surveillaient si étroitement qu'il était très dangereux de nous transporter du quai de l'île John à Fort Sumter parce que les rames plongeant dans l'eau salée la nuit produisaient des étincelles comme du feu, et ainsi les Yankees de l'île Morris pouvaient nous voir. En effet, leurs tirs faisaient souvent effet.

Beaucoup de nègres furent tués. Sur les quinze de notre plantation, un garçon d'environ mon âge a été frappé par une carapace de perroquet alors qu'il grimpait du bateau dans le fort. On nous informa des périls que nous allions rencontrer, avant et après notre arrivée à destination. Car l'une des choses les plus décourageantes fut le triste récit des survivants de ceux dont nous devions occuper la place. Alors que les chaloupes les déposaient sur le quai de l'île John et que nous étions sur le point de nous embarquer, ils nous parlèrent du grand danger auquel nous serions exposés, du risque que certains d'entre nous soient tués avant d'atteindre le fort, ce qui s'est avéré vrai. et de la rapidité avec laquelle leurs camarades ont été tués à Fort Sumter. Un certain nombre, disait-on, moururent de peur avant d'atteindre Sumter.

LES OFFICIERS ET LES QUARTIERS.

Les officiers qui commandaient alors le fort étaient le capitaine JC Mitchell et le major John Johnson. Le nom du surveillant chargé des nègres dans le fort était Deburgh ; je ne saurais dire si c'était son vrai nom .

Deburgh était étranger de naissance. C'était l'un des hommes les plus cruels que j'aie jamais connu. Comme lui et ses actes atroces reviendront plus tard dans cette histoire, je n'en parlerai pas davantage ici.

ÉTAT DU FORT.

Le fort Sumter, qui auparavant avait été non seulement réduit au silence par les forces de l'Union, mais aussi en partie démoli, n'avait qu'un seul canon monté sur lui, du côté ouest. Ce canon que nous appelions autrefois le « Sundown Gun », parce qu'il tirait chaque soir au coucher du soleil, ainsi qu'au lever du soleil. De ce côté ouest, les officiers et soldats confédérés étaient abrités dans le coffre-fort à l'épreuve des bombes pendant le bombardement. Sur le côté est du fort, face à l'île Morris , en face du fort Wagner, il y avait un autre appartement appelé « Rat-hole » dans lequel nous, les nègres, étions logés.

CE QUE LES NÈGRES ONT FAIT À FORT SUMTER.

Le fort Sumter avait été si gravement endommagé par les forces de l'Union en 1863, que si rien n'avait été fait au sommet, le bombardement continu qu'il subit jusqu'à la fin de la guerre l'aurait rendu inhabitable.

Le fort était la cible de tirs de mortier et d'obus de perroquet toutes les cinq minutes par les Yankees de Morris Island.

Le travail principal des nègres était de protéger le dessus et les autres parties contre les dommages causés par les canons de l'Union.

De gros bois furent posés sur le rempart du fort, et des planches posées dessus, puis des paniers, sans fond, d'environ deux pieds de large et quatre pieds de haut, furent rapprochés les uns des autres sur le rempart, et remplis de sable par les nègres .

Le travail ne pouvait se faire que de nuit, car, outre le bombardement du fort Wagner, qui se trouvait à environ un kilomètre ou un peu moins de nous, il y avait aussi des tireurs d'élite qui abattaient les hommes chaque fois qu'ils montraient la tête sur le rempart.

Les obus de mortier et de perroquet pleuvaient alternativement sur Fort Sumter toutes les cinq minutes, jour et nuit, mais les tireurs d'élite ne pouvaient tirer qu'à la lumière du jour.

Les nègres furent principalement exposés aux bombardements. La seule fois où les quelques soldats confédérés furent exposés au danger, c'était lorsqu'ils mettaient la Chevaldefrise sur le parapet, la nuit.

La " Chevaldefrise " est une pièce de bois munie de pointes de bois pointues de fer, et utilisée pour la défense des fortifications.

Lors de la dernière guerre entre les Espagnols et les Américains, les premiers utilisaient du fil de fer barbelé dans le même but.

Si mes lecteurs avaient pu se trouver à Fort Sumter au cours de l'été 1864, ils auraient entendu la sentinelle crier toutes les cinq minutes : « Attention ! Mortier ! Ils auraient alors vu les nègres courir dans la cour du fort dans un état confus, cherchant des lieux à l'abri du missile qui ne manquerait pas de causer la mort à un ou plusieurs d'entre eux. Encore cinq minutes, et encore une fois le cri de la sentinelle : « Attention », cela signifie un obus de perroquet, qui est bien plus mortel que le mortier parce qu'il vient si vite qu'on n'a aucune chance de chercher un lieu sûr.

L'instant d'après, nos survivants, s'attendant à ce que ce soit notre tour, ramassaient, ici et là, des parties des corps sectionnés de nos camarades nègres ; beaucoup de ces corps sont tellement mutilés qu'ils ne sont plus reconnaissables.

DEBURGH , LE SURVEILLANT.

Deburgh , le surveillant dont j'ai parlé, était un petit homme, de teint clair et de cheveux très clairs.

Si mes lecteurs avaient pu se trouver à Fort Sumter en juillet 1864, ils auraient vu Deburgh avec une petite barre de fer ou un morceau d'obus à la main, forçant la partie survivante des nègres à rentrer dans le rang et ajoutant à cela d'autres les nègres étaient gardés dans le Rat-hole comme réserves pour remplacer ceux qui étaient tués et blessés.

Ils l'auraient aussi entendu jurer à pleine voix, tout en forçant les nègres à se ranger en ligne depuis la base du fort jusqu'au sommet.

Cette disposition des nègres leur permettait de se lancer les uns aux autres les sacs de sable qui étaient mis dans les paniers au sommet du fort. Mes lecteurs demandent : à quoi servait le sable mis sur le fort ? Il s'agissait d'étouffer les mèches des obus qui atteignaient les remparts avant d'éclater.

Après le bombardement de Port Sumter en 1863 par les forces de l'Union, son sommet de quatorze ou seize pieds d'épaisseur, construit en granit du New Hampshire, fut laissé à nu. A partir de cette époque, et jusqu'en 1864, les obus furent pointés de manière à éclater au-dessus du fort ; et ce sont les morceaux de ces obus qui volaient dans toutes les directions qui étaient si destructeurs.

Les mèches de bon nombre de ces obus tirés sur Port Sumter n'ont pas brûlé à temps pour faire éclater les obus avant de tomber. Or, comme les obus tombaient sur le rempart du fort, au lieu de tomber et d'éclater sur la pierre, ils s'enfonçaient sans danger dans le sable, ce qui éteignait la mèche et les empêchait aussi d'éclater.

Mais si la destruction de la vie était atténuée par le sable, elle était entièrement compensée par la main de cette brute, le surveillant. Dieu seul sait combien de nègres il a tués à Port Sumter, à l'ombre de la nuit. Tous ceux qu'il atteignait, tout en forçant les esclaves à se remettre en position de travail après qu'ils avaient été dispersés par les obus, il frappait à la tête avec le morceau de fer qu'il portait à la main et, tandis que sa victime tombait, criait : un autre nègre : « Mettez cet homme dans sa boîte », c'est-à-dire son cercueil.

si les officiers supérieurs de Fort Sumter savaient que Deburgh tuait les nègres presque aussi vite que les obus de Fort Wagner, ou s'ils ne le savaient pas et s'en moquaient. Mais j'ai toutes les raisons de croire que l'un d'eux au moins, à savoir le major John Johnson, n'aurait pas permis un massacre aussi massif s'il l'avait su. D'un autre côté, je crois que le capitaine JC Mitchell était non seulement assez méchant pour permettre cela, mais qu'il était lui-même tout aussi sans cœur.

Quoi qu'il soit advenu de Deburgh , qu'il ait été tué ou non à Fort Sumter, je ne l'ai jamais su.

Nos officiers supérieurs.

Les deux officiers commandant le fort Sumter en juillet 1864 étaient le capitaine JC Mitchell et le major John Johnson.

Le major Johnson était aussi gentil, doux et humain envers les nègres qu'on aurait pu s'y attendre.

D'un autre côté, les actions du capitaine Mitchell ont été dures et très cruelles. Il avait une haine amère envers les Yankees et, pendant la pluie d'obus sur Fort Sumter, il cherchait toutes les occasions d'exposer les nègres à autant de dangers qu'il l'osait.

Je me souviens qu'une nuit, le capitaine Mitchell nous a ordonné, à l'extérieur de Fort Sumter, de voir une projection du lit de pierre sur lequel le fort a été construit, juste en face de Fort Wagner. À cet endroit, nous étions bien plus menacés par les missiles mortels des forces de l'Union que ceux auxquels nous étions exposés à l'intérieur de Sumter, et je ne voyais aucune autre raison pour laquelle il nous ordonnait de sortir du fort cette nuit-là, sinon que nous pourrions être tué plus vite.

Il semble que pendant les tirs incessants sur le fort Sumter, les officiers se soient consultés pour savoir s'il n'était pas préférable d'évacuer le fort. C'est à cette époque que la rumeur courait, rumeur à laquelle nous avions toutes les raisons de croire, que le capitaine Mitchell complotait pour nous enfermer, nous les nègres, dans nos quartiers de Sumter, connus sous le nom de Rat-hole ; ils y mirent de la poudre et le disposèrent de manière à ce que les nègres et les Yankees sautent, lorsque ces derniers en auraient pris possession après l'évacuation du fort par les confédérés.

Mais nous avons appris que le major John Johnson, devenu depuis ministre épiscopal à Charleston, Caroline du Sud, a totalement refusé d'être d'accord avec le capitaine Mitchell dans un acte aussi barbare et lâche, et, comme si la Providence veillait sur les nègres innocents et opprimés. , et contre les Yankees également, parce qu'ils combattaient pour une cause juste, la carrière du capitaine Mitchell et d'autres chances de réaliser ses intentions cruelles ont été interrompues. Il fut mortellement blessé par les tirailleurs du fort Wagner, le 14 juillet 1864, et mourut quatre heures après.

NOS RATIONS EN ÉTÉ.

Les travailleurs noirs de Sumter, à l'exception des garçons qui transportaient des messages dans les différentes parties du fort jour et nuit, étaient enfermés le jour et sortaient la nuit pour travailler. Nous tirions nos rations de porc dur et salé deux fois par jour ; le matin, lorsque nous quittions le travail et nous rendions pour la journée, et de nouveau, entre trois et quatre heures de l'après-midi, afin de pouvoir dîner à temps pour aller travailler à la tombée de la nuit.

Nous mangions souvent notre porc salé cru avec le harnachement, car il n'y avait pas de moyen spécial de cuisiner dans l' appartement des nègres . Non seulement nous étions en danger, pendant notre travail, à cause de la pluie continue d'obus, mais souvent, lorsque nous devions faire la queue pour recevoir nos rations, certains d'entre nous étaient tués ou blessés.

Je ne peux pas dire comment ils obtenaient de l'eau douce à Fort Sumter, car je ne me souviens pas d'en avoir vu apporté là par bateau, et je n'y ai pas non plus remarqué de commodités pour récupérer l'eau de pluie.

L'eau que nous utilisions, nous, les nègres, était conservée dans de grands tonneaux contenant du goudron de houille ; Je ne sais pas pourquoi le goudron a été mis dans l'eau, à moins que ce ne soit pour notre santé. Le « trou à rats » dans lequel nous étions enfermés ressemblait à une boîte à sueur ; il faisait si chaud et si proche que, bien que nous fussions exposés à la mort par les obus lorsque nous étions mis au travail, nous étions heureux de pouvoir prendre l'air frais.

Nous avions des petites tasses dans lesquelles on nous donnait du whisky le matin quand nous rentrions, et le soir quand nous partions travailler.

Je ne sais pas combien des quarante survivants sur les trois cent soixante d'entre nous qui furent transportés dans le fort au cours de l'été 1864, en dehors de moi, sont encore en vie. Mais s'il y en a qui ont la vive tendresse d'un nègre, ils ne peuvent s'empêcher de se joindre à moi dans un sentiment éternel de gratitude envers le major John Johnson, non seulement pour ses relations aimables et douces avec nous, qui signifiaient tant pour un nègre à l'époque de l'esclavage, mais aussi pour sa protection humaine, qui nous a sauvés d'une partie du danger des obus auxquels nous étions exposés à Sumter.

Peu de temps après la mort du capitaine JC Mitchell, le major Johnson fut dangereusement blessé à la tête par un éclat d'obus.

MA DERNIÈRE NUIT À FORT SUMTER ET LA GLORIEUSE FIN DE LA GUERRE.

Pendant le temps que nous avons passé à Fort Sumter, nous n'avions vu ni jour ni nuit clair. En harmonie avec le danger continu qui nous entourait, l'atmosphère même portait le voile de la mort ; car il pleuvait toujours et il faisait nuageux. Les corps mutilés des nègres , mêlés à la boue noire et à l'eau de la cour du fort, ajoutaient à l'horreur de la scène. Des morceaux d'obus et d'autres morceaux de fer, ainsi que de grandes poutres de pin du sud étaient éparpillés dans toute la cour du fort. Il y avait aussi une petite maison en chaux au milieu de la cour, dans laquelle nous étions avertis de ne pas entrer lorsque nous cherchions un endroit à l'abri des missiles mortels au cri de la sentinelle.

L'ordre était que nous devions nous rapprocher le plus possible du centre de la cour du fort et nous allonger. La raison en était que les obus tirés sur Sumter étaient si mesurés qu'ils éclataient en l'air et que les morceaux volaient généralement vers les côtés du fort. Mais les ordres n'étaient pas strictement exécutés, car, aux cris d'avertissement de la sentinelle, nous étions confus. Cette nuit-là, au cri de la sentinelle, je courus m'allonger sur l'une des grandes poutres de pin du sud, et plusieurs de mes camarades nègres me suivirent et s'entassèrent sur moi. Leur poids était si lourd que je criais comme à la vie. Le sentiment de ce béguin que je ressens à certains moments, même maintenant.

Au prochain bruit d'obus, je courus vers la maison en chaux, mais quelqu'un me fit trébucher, et, au moment où je me relevai, douze ou treize autres étaient entassés à l'intérieur. Un autre nègre et moi arrivâmes à la porte, mais nous n'étions pas plus loin qu'un obus de mortier s'abattit sur la petite maison en chaux, et tous ceux qui s'y trouvaient étaient si mutilés que leurs corps n'étaient pas reconnaissables.

Seuls nous deux avons été sauvés. Mon compagnon avait une jambe cassée et un morceau d'obus m'avait blessé à l'œil droit et m'avait ouvert la lèvre inférieure. Au moment où j'ai été blessé, je n'étais pas inconscient, mais je ne savais pas ce qui m'avait blessé. Je suis devenu presque aveugle à cause des effets de mes blessures, mais pas immédiatement après avoir été blessé, et je n'ai ressenti aucune douleur pendant environ un jour. Avec d'autres blessés, j'ai été emmené à l'abri des bombes dans le fort. Je n'oublierai jamais cette première et dernière visite au service hospitalier. Assister à la manipulation brutale des blessés, les voir jetés sur une table comme on le ferait avec un morceau de bœuf, et voir le médecin utiliser son couteau et sa scie, lui coupant une jambe, ou un bras, et parfois les deux, avec comme beaucoup d'indifférence comme s'il découpait simplement du bœuf, et entendre le médecin dire, de presque toutes les autres victimes, après l'amputation d'une jambe ou d'un bras : « Mettez cet homme dans sa boîte », c'est-à-dire dans son cercueil, c'était une expérience horrible. Après que le chirurgien m'ait demandé à qui j'appartenais, il a pansé mes blessures.

Mes lecteurs se souviendront que j'ai déclaré qu'aucun gros bateau ne pouvait se rendre à Fort Sumter à cette époque, à cause du bombardement. Nous avons dû être ramenés au quai de John's Island dans des chaloupes, ce qui était la distance la plus proche qu'un bateau à vapeur pouvait parcourir jusqu'à Fort Sumter.

Comme on poussait une de ces chaloupes pour sortir du fort les morts et les blessés, et comme les hommes étaient mis dans le bateau, ce qui se faisait généralement avant d'y mettre celui-ci, heureusement, juste avant d'y mettre les blessés, un obus Parrott y fut tiré depuis Fort Wagner par les forces de l'Union, qui coulèrent à la fois le bateau et les cercueils, avec leurs restes.

Mes lecteurs se demanderaient comment les confédérés se sont débarrassés des nègres tués à Fort Sumter. Ceux qui n'étaient pas trop gravement mutilés furent envoyés à la ville de Charleston et enterrés dans un lieu réservé à l'enterrement des nègres . Mais d'autres, si gravement déchiquetés par les obus, furent mis dans des caisses contenant des morceaux de fer, emmenés un peu plus loin de Sumter et jetés par-dessus bord.

J'ai ensuite été emmené au quai de John's Island, puis de là à la ville de Charleston dans un bateau à vapeur, et transporté à l'hôpital du docteur Rag, où je me suis arrêté jusqu'en septembre. Ensuite, j'ai été renvoyé chez moi, dans la plantation de mon maître. Citant les paroles exactes du major John Johnson, officier confédéré sous lequel j'étais une partie du temps à l'endroit susmentionné, je dirais : « Le 7 juillet, le troisième grand bombardement de

Fort Sumter, qui dura soixante jours et nuits, avec un au total, 14 666 coups de feu ont été tirés sur le fort, faisant quatre-vingt-une victimes. »

CE QUI S'EST PASSÉ APRÈS.

J'ai dit qu'après avoir été suffisamment rétabli pour voyager, j'ai été renvoyé chez moi, dans la plantation de mon maître, à environ cent milles de la ville de Charleston, dans le centre de la Caroline du Sud. C'était en septembre 1864, et moi, ainsi que le reste de mes compatriotes noirs de cette vaste plantation et d'autres esclaves dans tout le Sud, étions tenus en suspens en attendant le résultat final de la proclamation d'émancipation, publiée en janvier 1863. mais comme la guerre se poursuivait, elle ne prit effet qu'au printemps 1865.

Ici, j'avais moins de travail qu'avant la guerre, car plus la guerre approchait de sa fin, moins les esclaves avaient à faire, car les maîtres ne savaient plus quoi faire. À la fin de 1864, le général Sherman, avec son armée de cent mille hommes et presque autant de retardataires, parcourut un espace d'environ soixante milles de largeur en marchant de la Géorgie à travers la Caroline du Sud. L'armée campa pendant une courte période autour de Columbia, la capitale de la Caroline du Sud. Au début du printemps 1865, le bâtiment de l'intendance prit pour la première fois un incendie, qui s'étendit bientôt à un tel point que toute la ville de Columbia fut consumée ; il ne restait que quelques maisons en banlieue.

Le bâtiment de l'intendance a été incendié par l'une des deux parties, mais il n'a jamais été vraiment établi si cela avait été fait par les hommes du général Sherman ou par les confédérés, qui auraient pu, comme certains l'ont supposé, puisqu'ils ont dû évacuer la ville. , y avez mis le feu pour empêcher les hommes du général Sherman d'obtenir la nourriture. Après cela, la Colombie fut occupée par une partie des hommes de Sherman, tandis que les autres marchaient vers la Caroline du Nord.

LA FIN GLORIEUSE.

Pour conclure ce bref aperçu de mes expériences de guerre, je demanderais à mes lecteurs de revenir un peu en arrière avec moi sur la guerre. Je veux leur montrer quelques-unes des images sombres du système esclavagiste. Écoutez ! J'entends le cliquetis des chaînes des laboureurs dans les champs ; J'entends le piétinement des pieds des houes. J'entends la voix grossière et dure du chauffeur nègre et la voix aiguë du contremaître blanc injuriant les esclaves. J'entends le bruit des coups de fouet sur le dos des malheureux ; Je les entends demander grâce aux impitoyables. Au milieu de ces cruautés, j'entends les pères et les mères épancher leur âme dans la prière : « Ô Seigneur, combien de temps ! et leurs cris non seulement éveillent la sympathie de leurs frères et sœurs blancs du Nord, mais ils troublent aussi puissamment les maîtres esclavagistes du Sud.

Les tirs sur Fort Sumter, en avril 1861, donnèrent l'espoir aux esclaves que l'année du jubilé tant attendue était proche. Et bien que le Sud ait remporté victoire sur victoire et que l'Union chancelait comme un homme ivre, les nègres n'ont jamais perdu espoir, mais ont fidèlement soutenu la cause de l'Union par leurs prières.

Dieu merci, là où le christianisme existe, l'esclavage ne peut pas exister.

La liberté est enfin arrivée. Et quelle joie cela a apporté ! Je me trouve maintenant, en imagination, sur un lieu élevé juste à l'extérieur de la ville de Columbia, au printemps 1865. Les étoiles et les rayures flottent dans les airs. Le soleil fait juste son apparition derrière les collines et jette sa belle lumière sur les buissons et les arbres verts. Les oiseaux moqueurs et les geais chantent ce matin plus doucement que jamais. Sous le drapeau de la liberté se rassemble un parfait réseau d'esclaves émancipés des différentes plantations, leurs visages basanés ressemblant de loin à l'eau lisse d'une mer noire. Leurs voix, comme un tonnerre lointain, déchirent l'air,—

"Le vieux maître est parti, et les noirs sont tous à la maison .
Il faut que maintenant le royaume vienne et l'année du jubilé."

Les vieillards et les femmes, courbés par l'âge et la servitude, ligotés de leurs bâtons, louaient Dieu pour leur délivrance.